Silencio de Dios, silencio de los hombres

Ediciones Palabra
Madrid

Título original: *Silence de Dieu, silence des hommes*

©Monseñor Patrick Chauvet, 2021

© 2021, Groupe Elidia
   Éditions Artège
   9, espace Méditerranée - 66000 Perpignan
   10, rue Mercoeur - 75011 Paris
   www.editionsartege.fr
   Todos los derechos reservados

© Ediciones Palabra, S.A., 2024
   Paseo de la Castellana 210 - 28046 MADRID (España)
   Telf. (34) 91 350 77 20 - (34) 91 350 77 39
   www.palabra.es
   palabra@palabra.es

© Traducción: Almudena Ligero

Todas las citas bíblicas pertenecen a la Biblia de Navarra

Diseño de cubierta: Equipo editorial
ISBN: 978-84-1368-380-5
Depósito Legal: M-13.984-2024
Impresión: Gohegraf, S.L.
Printed in Spain - Impreso en España

Monseñor Patrick Chauvet

Silencio de Dios, silencio de los hombres

En las epidemias, guerras, catástrofes...
¿Dónde está Dios?

Cuadernos Palabra

INTRODUCCIÓN

El 15 de abril de 2019, siendo rector de Notre Dame, me encontraba en la plaza de Juan Pablo II rodeado de bomberos y personalidades políticas y religiosas, viendo cómo ardía la catedral. Me sentía incapaz de actuar, paralizado ante aquel espectáculo apocalíptico, perdido en mi corazón doliente, esa celda interior donde Dios habita. «¿Por qué, Señor?», me preguntaba. Pero la única respuesta era el silencio.

15 de abril de 2020: primer aniversario en medio del silencio parisino impuesto por el drama de la pandemia. Me encuentro en la misma plaza oyendo sonar la campana mayor de Notre Dame mientras los parisinos, desde sus ventanas, aplauden a los sanitarios. Sus rostros reflejan tantos dramas, tantas heridas, tantos sufrimientos y duelos, tanta soledad. Pero también tantas preguntas... ¿Por qué nos ha tocado sufrir esta pandemia? Dios mío, ¿qué te hemos hecho? *¿Por qué, Señor?*

Esta pregunta suele ser recurrente durante o después de una desgracia. El silencio de Dios, su castigo, la señal del fin del mundo, o tal vez de un mundo, el mal, el sufrimiento del inocente...

El día después del incendio recibí cientos de cartas, la mayoría muestras de afecto, de compasión, de apoyo. Sin embargo, algunas –ciertamente muy pocas– hablaban de la venganza de Dios, de su penitencia y su castigo, aunque sin atreverse a nombrar a los culpables. Lo curioso es que sus autores no se sentían en absoluto responsables de nada. ¡Preferían dar lecciones de moral!

Deberíamos tomarnos más en serio las preguntas que se hacen eco del comienzo del salmo 22: «¡Dios mío, Dios mío! ¿Por qué me has abandonado?».

Este libro es un testimonio, el camino recorrido por un sacerdote que no tiene todas las respuestas, ¡ni mucho menos!, pero que está habitado por la Esperanza. La Palabra de Dios, los maestros espirituales, los grandes autores de la literatura cristiana me han acompañado desde el incendio de Notre Dame. Han iluminado el camino de tinieblas, que se ha transformado en una senda luminosa. Desde hace más de cuarenta años que soy sacerdote, me he enfrentado muchas veces a la cuestión del mal y al silencio de Dios. Me vienen a la memoria algunas imágenes...

La primera en un hospital, un Viernes Santo, acompañando a un niño aquejado de leucemia que luchaba contra esta terrible enfermedad. Su madre estaba con él. Habíamos rezado, ese tipo de oración silenciosa que no admite palabras. ¿Qué podía decir a una madre desconsolada? En el pasillo, la madre me confesó: «¡Hoy he comprendido el significado del Viernes Santo!». En silencio, mientras me secaba los ojos, me fui pensando en aquellas palabras de confianza, acordándome de María al pie de la cruz.

Recuerdo otra imagen: la foto del cardenal Lustiger en Auschwitz. El silencio de Dios ante el horror de los campos de exterminio. Su madre deportada, que falleció en ese campo porque era judía. ¿Por qué, Señor, los hombres que has creado buenos son capaces de llegar a eso? Y no me olvido de los funerales de jóvenes inocentes, víctimas de accidentes muchas veces absurdos. En ellos suelo comenzar la homilía preguntando: «¿Por qué?». Y añado que yo también comparto este interrogante.

Por último, me gustaría recordar a la persona que, durante la pandemia, me preguntó: «¿Qué hace su Dios, padre?». ¡Como si Dios hubiera querido castigarnos! Yo le invité a reflexionar sobre nuestro mundo, sobre nuestra manera de vivir, nuestra voluntad de poder, nuestros egoísmos, etc. Y añadí: «¡Sin embargo, Dios quiere decirnos algo!». El Señor quiere acompañarnos en todo lo que vivimos para dar sentido al sinsentido. A lo largo del libro tendremos ocasión de verlo.

Pero antes de reflexionar sobre el silencio de Dios y del hombre, debemos plantearnos la cuestión del escándalo del mal. Espero que esta meditación nos invite a penetrar en el silencio de Dios, silencio que es proximidad, señal de su ternura.

Primera parte:

EL ESCÁNDALO DEL SILENCIO

EL ESCÁNDALO DEL MAL

¿Quién me habrá mandado embarcarme en esta aventura? El sufrimiento, el mal, la pandemia, las catástrofes climáticas, los atentados, las guerras... «¿Qué hace Dios ante todo esto?», ¡Cuántas veces he escuchado esta pregunta! Si lo pensamos bien, sabemos quiénes son los responsables de todas estas desgracias, pero queda una cuestión por resolver: el sufrimiento del inocente. Así es. ¿Por qué Dios guarda silencio ante el escándalo del mal?

Pero antes de responder a esta pregunta, tal vez deberíamos reflexionar sobre el problema de la existencia misma del mal.

«Las desgracias que sufrimos deshonran al Todopoderoso. ¿Cómo puedo amar al creador de los microbios y de los tigres, que matan a los hombres?». Esta pregunta de un preso a un sacerdote expresa algo que muchas personas piensan y que debemos afrontar: el misterio del mal, sin duda el gran escándalo. El mal está presente en toda nuestra vida; nadie puede escapar de él. ¡Cuántos hombres se rebelan contra Dios, o incluso le odian, porque permite que el mundo vaya como va, porque parece abandonar a sus hijos! Y sin embargo, por encima de todo esto se encuentra –estoy seguro– la presencia del Amor. Debemos descubrir esa presencia en medio del mal.

Hay una figura bíblica que puede ayudarnos a entenderlo: Job. El libro de Job representa el diálogo imposible entre el hombre y Dios. ¿Por qué Dios hace sufrir a los hombres que confían en Él, que no hacen otra cosa que adorarlo? El escándalo de Job es el escándalo del mal en el corazón de la fe.

«Perezca el día que me vio nacer, la noche que dijo: "Un varón ha sido concebido"»[1]. Dios se presenta ante Job como un Dios terrorífico, que no deja de castigar al hombre. Job, sin embargo, se muestra fiel a la Alianza. El sufrimiento que soporta no es fruto de su maldad. De hecho, parece sufrir por el hecho de ser inocente. «¿Qué te he hecho, Dios?», pregunta Job a su Dios, que no responde. A las puertas de la muerte, Job sigue creyendo en Dios, a pesar de que no se muestre ante él. El drama de Job es el

---

[1] *Jb* 3, 3.

drama del hombre que percibe a Dios como un auténtico agresor.

Job es inocente. Permanece fiel a su Dios y, sin embargo, se siente rechazado por Él. ¿Qué le ha hecho para encontrarse en esa situación? No lo sabe. Job se dirige a Dios porque necesita sentirse escuchado.

¿Qué representaciones tenemos de Dios? Algunos lo ven como un Dios vengador, justiciero, moralista, a veces incluso sádico.

En principio, nuestra pregunta no se dirige al silencio de Dios, sino a su corazón. ¿Cómo puede nacer la venganza del corazón de Dios, si Dios solo es amor? ¡Cuántas cartas he recibido sobre este tema! Job se plantea esta misma pregunta, pero conservando en su corazón la confianza en ese Dios que es amor. Para entender lo que le pasa, debe superar la imagen de un Dios que castiga. Por desgracia, también nosotros seguimos teniendo esa imagen de Dios.

Sin embargo, el hombre no puede hacer otra cosa que encomendarse a Aquel que es justo. Para progresar en la fe, hay que abandonarlo todo. Gracias al sufrimiento, Job aprende a rendirse por completo, a dejarse llevar para descubrir una vida nueva con su Dios.

En mi acompañamiento a enfermos terminales he sido testigo de este tipo de conversiones gracias al sacramento de la Unción. La injusticia aparente se ofrece a Dios y se convierte en una fuente de gracia. Ese Dios que parecía tan injusto se muestra con su verdadero rostro, el de Aquel que, como decía Teresa de Lisieux, viene a mendigar nuestro pobre amor. Ya no se trata de preguntar «¿por qué?», sino de decir: «Aquí estoy, Señor, para hacer tu voluntad».

Job no tiene más horizonte que la muerte, pero está seguro de que, más allá de la tumba, su Redentor se alzará sobre el polvo: «Bien sé yo que mi defensor vive y que Él, el último, se alzará sobre el polvo (...). Yo lo veré por mí mismo, mis ojos lo contemplarán y no otro»[2].

Muchas veces nos creamos imágenes de Dios, pero el Señor se muestra por medio de su Palabra. Para entenderle hay que penetrar en su misterio. El hombre debe dejarse acoger por Dios: de esa manera descubrirá que, muchas veces, aquello que llama el silencio de Dios no es más que su propia sordera, su incapacidad para acoger la Palabra. En medio del sufrimiento, Dios sigue enviándonos señales. El libro de Job no proporciona una respuesta al porqué del sufrimiento. Sin embargo, en él Dios se muestra para manifestar su presencia y su Palabra. La respuesta definitiva y total la dará con su Hijo.

Detengámonos en el sufrimiento, que es un escándalo y que suscita la rebelión del hombre

---

[2] *Jb* 19, 25a.27.

contra Dios. En realidad, el sufrimiento no fue creado por Dios en los orígenes. No existía en el Paraíso en que Dios situó al primer hombre para que fuera feliz. Tampoco existirá en el Reino de los cielos. En realidad, el sufrimiento es la ocasión del pecado, que suscita una rebelión contra Dios, puesto que nos lleva a desesperar de Dios, es decir, a rechazarlo. El diablo se sirve del sufrimiento para alejar al hombre de Dios. Pero aquello que podría haber provocado la caída del común de los mortales no hace caer a Job: «En todo esto, Job no pecó ni cometió necedad alguna contra Dios»[3]. No solo no blasfema en medio del sufrimiento, sino que da gracias a Dios[4].

A las tentaciones de Satanás, Job opone tres actitudes espirituales: la primera, una paciencia constante en medio de las pruebas; la segunda, una fe incondicional en Dios; y la última, una esperanza inquebrantable en Él. Pero es cierto que Job manifiesta una gracia especial que le permite escapar de la presión ejercida por el diablo. En ese sentido, anuncia la venida de Jesucristo y su misión de salvación. La actitud de Job nos resulta misteriosa; de hecho, muchas personas consideran que su figura es absurda. Ante un sufrimiento semejante, el sacerdote

---

[3] *Jb* 1, 20.22; 22, 10.
[4] Cfr. *Jb* 1, 21.

solo puede permanecer en silencio. Recuerdo las palabras del cardenal Veuillot en su lecho de muerte, pidiendo a sus sacerdotes que no hablaran del sufrimiento delante de los enfermos. Para él, nuestra presencia gratuita era en sí misma una palabra de compasión.

Con sus preguntas, Job espera una explicación de las razones de su sufrimiento, y la busca en la Palabra de Dios. Pero para eso la Palabra debe ser leída y meditada. Evidentemente, la actitud de Jesucristo ante el sufrimiento es esencial para determinar la manera en que el cristiano debe enfrentarse a él. Jesucristo quiso salvarnos desde dentro, asumiendo todos los males de los que quería curarnos y liberarnos. Dicha liberación se cumplió cuando Jesucristo se enfrentó al mal, al sufrimiento y a la muerte. Cuando Jesucristo se enfrentó al sufrimiento, lo venció. Venció el dominio que el sufrimiento tenía sobre el hombre, liberándole de la tiranía que ese dominio ejercía sobre él y de su capacidad para conducirle al pecado: «La muerte ha sido absorbida en la victoria. ¿Dónde está, muerte, tu victoria? ¿Dónde está, muerte, tu aguijón?»[5].

Pero aunque Jesucristo vino a liberarnos asumiendo la muerte y la totalidad del pecado,

---

[5] *1 Co* 15, 54-55.

la posibilidad de sufrimiento sigue existiendo: lo único que podemos hacer es asumirlo lo mejor posible. Afortunadamente, Jesús nos proporcionó las armas para afrontar ese sufrimiento en el plano espiritual. En efecto, por la gracia de Jesucristo, el bautizado adquiere la capacidad de no dejarse llevar por el mal; así, el privilegio de Job también es el nuestro. No se trata de un acto heroico; es la gracia de Dios la que nos impide dejarnos llevar por el sufrimiento. Se trata más bien de no ceder a tentaciones como la tristeza, el abatimiento, el desánimo y sobre todo a la acusación y a la rebelión, es decir, a blasfemar y renegar de Dios.

Es cierto, y soy testigo de ello, que asumir espiritualmente el sufrimiento permite al enfermo progresar en su vida interior. Pero una vez más, eso pertenece a la esfera de la gracia. Gracias al sufrimiento se cultiva la paciencia, la fidelidad, la esperanza y la humildad. Yo mismo he visto a enfermos ofrecer sus sufrimientos para la salvación del mundo.

Ahora bien, el sufrimiento no es un fin en sí mismo: toda búsqueda del sufrimiento como medio y como fin, aunque sea en el ámbito de la ascesis, es una perversión espiritual. Por sí mismo, el sufrimiento no produce ningún bien. El sufrimiento constituye una prueba que se nos muestra claramente en el libro de Job. En relación con el mal al que puede arrastrarnos, el sufrimiento es una tentación. En relación con el bien del que puede ser ocasión, el sufrimiento es, por el contrario, un posible camino de salvación.

En efecto, cuando Jesucristo considera el mal que hay en el mundo, lo hace en función del fin que persigue su Padre, es decir, la renovación del mundo en la gloria, la manifestación de la gloria de Dios. Jesucristo quiere conducirnos allí donde la lucha contra el pecado, la enfermedad y el mal nos orienta hacia Dios.

Jesús sufre a causa del mal: llora por su amigo Lázaro, pero nos revela también la manifestación de la gloria del Padre. Se trata de manifestar la victoria sobre el mal que, para Jesús, es el pecado. Esa debería ser nuestra actitud espiritual frente al mal: dejarnos llevar por la acción de la gracia, pensando que, si Dios permite aquello que nos pasa, es únicamente para manifestar su gloria.

«¿Quién nos apartará del amor de Cristo? ¿La tribulación, o la angustia, o la persecución, o el hambre, o la desnudez, o el peligro? (...) Pero en todas estas cosas vencemos con creces gracias a aquel que nos amó»[6]. San Pablo nos enseña que toda nuestra vida pertenece a Cristo y que resucitaremos con él si sufrimos con él. El

---

[6] *Rm* 8, 35.

mal existe para manifestar su gloria. Con su muerte y resurrección, Jesucristo triunfa sobre nuestra propia muerte. El mal está inscrito en lo más profundo del misterio de la resurrección, y el triunfo sobre él ya nos ha sido concedido.

El pecado mata el cuerpo del Hijo de Dios, pero la gloria está en el centro de su muerte. El misterio de la Cruz es la apertura de un corazón herido que lo transforma todo en amor.

El mal ya ha sido vencido por completo, pero sigue siendo poderoso. Todos somos testigos de ello en este mundo lleno de atrocidades y crímenes, de muerte y de guerras. El mal sigue estando ahí y parece vencer. Pero a pesar de las desgracias, la misericordia triunfará. La única respuesta al escándalo del mal es la resurrección de Cristo y la nuestra. Y eso pertenece al terreno de la fe.

Las preguntas siguen ahí, también para el que escribe estas páginas. Menos mal que tenemos el cielo para descubrir las respuestas... Eso sí, una vez allí, seremos tan felices, que ya no nos haremos más preguntas. Porque tendremos todas las respuestas. Así que no acusemos a Dios: el Creador nos ha hecho libres y no siempre hacemos buen uso de nuestra libertad.

Como decía en la introducción, Dios puede dar sentido a aquello que estamos viviendo. El incendio de la catedral de Notre-Dame, la pandemia, las guerras... nos recuerdan nuestra fragilidad y, al mismo tiempo, constituyen una llamada a la conversión, a retomar lo esencial y a recuperar el sentido común. El Amor vencerá... ¡aún queda mucho por hacer!

Prosigamos este capítulo reflexionando sobre las palabras del cardenal Sarah:

> Los cristianos saben que Dios no desea el mal. Y si ese mal existe, Dios es su primera víctima. El mal existe porque no se recibe su Amor, un Amor ignorado, rechazado y combatido (...). Al hombre le cuesta entender el mal en la medida en que no le concede las dimensiones propiamente divinas[7].

Continúa el cardenal Sarah citando a Maurice Zundel y su libro *Otro modo de ver al hombre:*

> Y eso significa la Cruz: el mal puede tener proporciones divinas. El mal es finalmente el sufrimiento de Dios: en el mal, Dios es el que sufre y por eso el mal es tan terrible; pero, si Dios es el que sufre, en medio del mal se encuentra entonces el amor que no cesará jamás de acompañarnos y de compartir nuestra suerte, y que será herido antes, dentro, y por nosotros, como en el Gólgota[8].

---

[7] R. SARAH, *La fuerza del silencio. Frente a la dictadura del ruido*, Palabra, Madrid 2019, 2ª ed., p. 167.

[8] *Ibídem.*

En definitiva, no deberíamos preguntarnos tanto por el sufrimiento como por el mal. La rebelión de Satán no deja de actualizarse: este se sirve de ciertas personas para imponer su poder como príncipe de este mundo. Jesucristo vivió ese combate a lo largo de toda su vida, y en la cruz venció al mal.

Sin embargo, aún queda la cuestión de la libertad que Dios nos deja. E iba a decir «gracias a Dios», porque prefiero librar un combate espiritual que ser una marioneta. Prefiero no tener respuesta a todas las preguntas, sabiendo, gracias a la fe, que Dios está ahí, ¡aunque no haga mucho ruido!

Porque unida a la libertad está la gracia que recibimos en el Bautismo. «Te basta mi gracia»[9] para vivir como discípulo en medio del mundo. Cuando tenemos problemas, no confiamos lo suficiente en esa gracia, queremos superar las dificultades por nosotros mismos. El mal no viene de Dios; estamos predestinados al bien, no al mal. No vivimos en una tragedia. Al comienzo de la obra de Racine, Fedra sabe que está condenada, al igual que Antígona. No tiene sentido luchar: todo está decidido, toda está escrito. No queda más remedio que someterse, aunque sea a la injusticia. Pero no vivimos en

---

[9] Cfr. 2 *Co* 12, 9.

una obra de teatro divina; estamos llamados a luchar, aunque Dios permanezca en silencio en medio de nuestros combates. Nuestra vida no es otra cosa que una lucha contra el mal, pero no estamos solos. Dios está de nuestra parte.

El silencio de Dios no implica un abandono. ¡Dios sigue estando ahí! Esa es nuestra fe. A pesar de las dificultades, hay que resistir; y cuando nos veamos sin fuerzas, debemos acoger el amor que viene de Dios. Eso sí, ese amor no habla. Es una plenitud de presencia.

Cuando escribo esto, soy consciente de la importancia de la fe. Pero hay que aprender a esperar, porque las señales de esa presencia divina a veces se hacen esperar: por eso nos encontramos en un momento de esperanza. «Bienaventurados los que sin haber visto hayan creído»[10]. ¡Cómo no dar gracias a Dios por el don de la fe!

Después del incendio de Notre Dame, del drama de la pandemia y de las guerras, escribí este libro para transmitiros un camino espiritual que me ha ayudado a superar las dificultades y seguir adelante. Ese camino es accesible; puede que no proporcione todas las respuestas a vuestras preguntas... De hecho, confieso que yo tampoco tengo todas las respuestas. Pero

---

[10] *Jn* 20, 29.

aunque algunas heridas permanezcan, el amor sigue estando presente y me permite vivir, porque el Señor lo es todo en mi vida. Espero que también vosotros, a pesar de vuestros sufrimientos, podáis encontrar esa paz y esa confianza en el abandono que conoció Cristo, y que nos conducirá a ese cara a cara tan deseado.

EL SILENCIO DE DIOS
EN LA BIBLIA

Algunas semanas después del incendio de Notre Dame, abrí la Biblia para comprender las señales que Dios quería enviarme por medio de aquella desgracia. Os propongo hacer conmigo este pequeño recorrido por las Sagradas Escrituras.

Es muy curioso: decimos que Dios guarda silencio, y sin embargo no deja de hablarnos.

«En el principio existía el Verbo»[1], pero bajo la forma de «un misterio oculto por los siglos eternos»[2]. Hasta que ese misterio se reveló al hombre.

¡Cuántos fieles me confiesan que Dios se muestra muy poco hablador y que, en sus oraciones, no le escuchan! Les gustaría oír su voz. Pero esos fieles no son Juana de Arco, ¡y menos mal! Basta con abrir la Biblia y meditar sobre la Palabra de Dios, pues en ella es Dios quien nos habla.

---

[1] *Jn* 1, 1.
[2] *Rm* 16, 25.

En el Antiguo Testamento, a veces Dios se calla porque está enfadado. Es lo que ocurre en el libro de Ezequiel: «Haré que se te pegue la lengua al paladar para que permanezcas mudo. Así serás para ellos el que advierte, pues son una casa rebelde»[3].

¿Y cómo no evocar el libro de Job? «Clamo a ti y no me respondes, permanezco ante ti y no me miras. Te has vuelto cruel conmigo, me persigues con la fuerza de tus manos»[4]. Pensemos también el salmo 83: «¡Dios mío! No estés callado, no guardes silencio, no te quedes quieto, ¡Dios mío!»[5].

Y en el principio del salmo 109: «Dios de mi alabanza, no guardes silencio, que una boca impía, una boca dolosa se ha abierto contra mí»[6].

Israel, que quiere escuchar a su Dios, percibe ese silencio como un castigo: «¿Te vas a quedar impasible, Señor, ante todo esto? ¿Te vas a quedar callado y humillarnos hasta el colmo?»[7]. *¿Dónde está tu Dios?* Ese silencio puede interpretarse como un alejamiento: «Tú lo has visto, Señor. No te calles, mi Señor, no estés lejos de mí»[8].

---

[3] *Ez* 3, 26.
[4] *Jb* 30, 20-21.
[5] *Sal* 83, 2.
[6] *Sal* 109, 1-2.
[7] *Is* 64, 11.
[8] *Sal* 35, 22.

Para el salmista, el silencio de Dios anuncia la muerte:

A Ti, Señor, te invoco,

Roca mía. No te quedes callado ante mí,

porque si Tú me guardas silencio,

seré como los que bajan a la tumba[9].

Anuncia el silencio del *sheol*, ese mundo de la muerte en el que Dios y el hombre ya no se hablan: «Si el Señor no fuese mi auxilio, pronto en el silencio reposaría mi alma»[10]. También en el salmo 115: «Los muertos no te alaban, Señor, ni cuantos bajan al silencio»[11].

Sin embargo, el diálogo no se rompe de manera definitiva, puesto que el silencio de Dios también puede ser una muestra de paciencia en los momentos de infidelidad de los hombres:

¿De quién te asustaste y temiste, que fuiste mentirosa y no te acordaste de mí, ni me hiciste caso? ¿Porque estoy callado desde mucho tiempo, no me tienes miedo?[12].

¡Dios tiene mucha paciencia con nosotros! Las plegarias del salmista y del profeta son un reflejo de nuestras propias plegarias. Se trata de las

---

[9] *Sal* 28, 1.

[10] *Sal* 94, 17.

[11] *Sal* 115, 17.

[12] *Is* 57, 11.

mismas experiencias espirituales: el silencio de Dios ante nuestros sufrimientos, nuestros miedos y nuestras angustias.

Puede que Dios esté en silencio, pero también nosotros podemos estarlo. Es el silencio después de haber pecado, como refleja muy bien el libro de Job: «He hablado con ligereza, ¿qué podría replicar? Me taparé la boca con la mano»[13]. Y un poco más adelante: «Por eso retracto mis palabras y en polvo y ceniza hago penitencia»[14].

Nuestro silencio también puede ser una muestra de confianza en la salvación, como vemos en el libro de las Lamentaciones: «Es bueno esperar en silencio la salvación del Señor»[15].

Cuando Dios visita al hombre, la tierra guarda silencio: «Desde los cielos haces oír la sentencia: la tierra teme y calla»[16].

Y cuando Dios se manifiesta, la adoración del hombre va acompañada de un silencio de temor o respeto. Es lo que ocurre en la Transfiguración: «Cuando sonó la voz, se quedó Jesús solo. Ellos guardaron silencio, y a nadie dijeron por entonces nada de lo que habían visto»[17].

Ese silencio humilde nos permite acceder al reposo, pero también implica la apertura a la re-

---

[13] *Jb* 40, 4.
[14] *Jb* 42, 6.
[15] *Lm* 3, 26.
[16] *Sal* 76, 9.
[17] *Lc* 9, 36.

velación que el Señor prometió a los más pequeños. Cómo no acordarse de la Virgen María, que «guardaba todas estas cosas ponderándolas en su corazón»[18].

Me gustaría detenerme un poco más en el salmo 22:

2 ¡Dios mío, Dios mío! ¿Por qué me has abandonado? Lejos estás de mi salvación, de mis palabras suplicantes.

3 Dios mío, te invoco de día, y no escuchas; de noche, y no encuentro descanso.

4 Pero Tú eres el Santo, sentado entre las alabanzas de Israel.

5 En Ti pusieron su esperanza nuestros padres; esperaron y los liberaste.

6 A Ti gritaron y fueron salvos, en Ti confiaron y no quedaron avergonzados.

7 Pero yo soy un gusano, no un hombre, oprobio de los hombres, desprecio del pueblo.

8 Al verme, todos hacen burla de mí, tuercen los labios, mueven la cabeza:

9 «Confió en el Señor: que lo salve Él, que lo libre, si es que lo ama».

10 Tú me sacaste del vientre, me confiaste a los pechos de mi madre.

---

[18] *Lc* 2, 19.51.

11 A ti me encomendaron desde las entrañas maternas; desde el seno de mi madre Tú eres mi Dios.

12 No te alejes de mí, que la angustia se acerca y no hay quien me socorra.

13 Me rodea una manada de novillos, me cercan toros de Basán;

14 abren sus fauces contra mí como un león que desgarra y ruge.

15 Me derramo como el agua, se dislocan todos mis huesos; mi corazón se derrite como cera, se deshace en mis entrañas.

16 Seca está como una teja mi garganta, y mi lengua, pegada al paladar; me echas al polvo de la muerte.

17 Me rodea una jauría de perros, me asedia una banda de malvados. Han taladrado mis manos y mis pies.

18 Puedo contar todos mis huesos. Ellos miran, me observan,

19 se reparten mis ropas y echan a suertes mi túnica.

20 Pero Tú, Señor, no te alejes. Fuerza mía, date prisa en socorrerme.

21 Libra mi alma de la espada, mi única vida, de las garras de los perros.

22 Sálvame de la boca del león, mi pobre existencia, de los cuernos de los búfalos.

23 Anunciaré tu Nombre a mis hermanos, te alabaré en medio de la asamblea.

24 Los que teméis al Señor, alabadle; estirpe toda de Jacob, glorificadle, temedle, estirpe toda de Israel.

25 Pues no desprecia ni desdeña la miseria del mísero, ni le oculta el rostro; cuando a Él clama le escucha.

26 Te alabaré ante la gran asamblea. Cumpliré mis votos delante de quienes le temen.

27 Los pobres comerán hasta saciarse, alabarán al Señor los que le buscan. ¡Que vuestro corazón viva por siempre!

28 Se acordarán y se convertirán al Señor los enteros confines de la tierra; se postrarán en su presencia todas las familias de las naciones,

29 porque del Señor es el Reino, Él domina a las naciones.

30 Ante Él solo se postrarán los que duermen en la tierra, ante Él doblarán la rodilla cuantos bajan al polvo. Pero mi alma vivirá para Él.

31 Mi descendencia le servirá, hablará del Señor a la generación venidera,

32 y proclamarán su justicia al pueblo que ha de nacer: «Así lo hará el Señor».

«¡Dios mío, Dios mío! ¿Por qué me has abandonado?». Jesús en la cruz recitó este salmo. En la cruz, Jesucristo lo asumió todo: también el silencio de Dios en medio de su sufrimiento y de su muerte. Cristo se une a nosotros en nuestras angustiadas preguntas frente al silencio de Dios.

El salmo 22 es una de las cumbres del salterio y de la fe de Israel. Es la prolongada súplica de un hombre condenado a prisión y amenazado de muerte, que evoca sus sufrimientos morales y físicos. «¡Dios mío, Dios mío! ¿Por qué me has abandonado?».

Un comentario judío dice que el primer «Dios mío» evoca el paso del mar Rojo, el segundo la Ley en el Sinaí y, finalmente, el silencio. Se trata de un contraste entre las bendiciones de Dios y su angustioso silencio en medio de nuestras dificultades.

Todo hace pensar que Dios abandona al hombre, que no responde a su llamada de auxilio. En la cruz, Jesús experimentó ese desamparo, ese silencio de Dios que en el Antiguo Testamento suscitó una de las oraciones más conmovedoras de la Biblia. Debemos tomarnos en serio esta exclamación de Jesús. No podemos contentarnos con decir que el final del salmo es tranquilizador. Tampoco podemos decir que Jesús dudó al creerse abandonado, sencillamente porque es Dios.

No olvidemos que Jesucristo venció a la muerte para hacer de ella una consagración, un último acto de ofrenda. El Padre no abandona a su Hijo, sino que se hace a un lado para que su muerte sea una ofrenda libre al amor. Es lo que viviremos en el momento de nuestra muerte. Libremente diremos: «Aquí estoy para hacer tu voluntad, Dios mío» y «en tus manos encomiendo mi espíritu»[19]. Eso no excluye pedir al Señor que nos conceda una buena muerte.

Jesucristo, al recitar este salmo en la cruz, sabe muy bien que muere por la salvación del mundo. Pero eso no impide que su sufrimiento sea tal que sienta que Dios está «lejos (...) de mis palabras suplicantes». También nosotros clamamos en mitad del sufrimiento; también nosotros suplicamos, pero la respuesta es el silencio: «Dios mío, te invoco de día, y no escuchas» (v. 3).

Bernanos, al escuchar el sufrimiento de una madre que lleva a su hijo muerto en brazos, hace decir a Dios: «¡Más adelante lo entenderás!». ¡Pero nosotros queremos entenderlo todo, y rápido! Sin embargo, tiene que pasar un tiempo para que el silencio de Dios se transforme en palabra interior. En el silencio y el recogimiento es

---

[19] *Lc* 23, 46.

cuando Dios se hace cercano mientras que, a la vez, continúa siendo inmensamente lejano. ¡Dios no será nunca un simple conocido! La distancia entre Dios y la criatura que soy sirve para subrayar que Dios es Dios; si esa distancia desaparece, Dios pasa a convertirse en un ídolo... que no salva.

«De noche, y no encuentro descanso» (v. 3). Se trata de encontrar ese descanso del corazón, esa paz interior para librarse del sufrimiento. Muchas veces nos ponemos a pensar al acostarnos, y aunque contamos ovejitas, nos cuesta conciliar el sueño. ¡Ay, el sueño del justo! El salmista quiere conmover al Señor y le invita a intervenir. Le recuerda su experiencia espiritual: «Pero Tú eres el Santo, sentado entre las alabanzas de Israel» (v. 4). En el corazón de las tinieblas, solo la esperanza nos ayuda a seguir. Más tarde tendremos ocasión de retomar este tema.

«En Ti confiaron y no quedaron avergonzados» (v. 6). Para este hombre condenado, se trata de esperar contra toda esperanza. Empezamos a confiar cuando ya no tenemos nada. Confiar hasta el fin de la noche; seguir al Señor, decir sí hasta el final porque estamos seguros de ser amados. En medio del sufrimiento hay que resistir como se pueda. En la cruz, Jesucristo experimenta esa confianza y ese abandono, y las tinieblas empiezan a cobrar sentido.

Volvamos al salmo que recuerda lo que Jesucristo vivió en la Pasión: «Al verme, todos hacen burla de mí, tuercen los labios, mueven la cabeza» (v. 8). La gente pasa delante del Gólgota; algunos ignoran al Mesías crucificado; otros se burlan de él, como el mal ladrón: «Que lo salve Él, que lo libre, si es que lo ama» (v. 9).

Solo María y Juan permanecen al pie de la cruz. Al recitar este salmo, Jesús ve cumplirse las Escrituras. En respuesta a las burlas, el salmista reafirma la relación que le unía a Dios desde el seno materno... «A ti me encomendaron desde las entrañas maternas; desde el seno de mi madre Tú eres mi Dios» (v. 11).

Dios recibe a su hijo y el hijo reconoce a su Dios. Jesús, cercano a la muerte, sabe que su Padre tiene la iniciativa. Él es quien ha enviado a su Hijo al mundo para salvarlo. El comienzo de toda la eternidad es ya la salvación.

«Tú eres mi Dios» (v. 11). Se trata de la alabanza después de la angustia del principio. Aunque Dios guarde silencio, creemos que está ahí, simplemente porque es nuestro Padre. Pero a continuación dice: «No te alejes de mí, que la angustia se acerca y no hay quien me socorra...» (v. 12). La fe de Israel afirma que Dios está cerca de los afligidos. Los verdugos adoptan una apariencia bestial: las fieras, los toros, los leones rodean al salmista. Solo el siervo doliente, por su silencio y por haber sido traspasado a causa de nuestros pecados, supo desentrañar el misterio de la muerte y su aceptación:

> Fue maltratado, y él se dejó humillar, y no abrió su boca; como cordero llevado al matadero, y, como oveja muda ante sus esquiladores, no abrió su boca[20].

Asistimos al descenso a la animalidad. La irrupción de estos animales significa que el momento de la palabra ha pasado y que la muerte es inminente. El miedo está ahí. Las fauces se abren para devorar; se inicia la caza del hombre.

«Se dislocan todos mis huesos» (v. 15). Aquí tenemos una imagen que evoca muy bien lo que vivió Cristo. Asistimos a una obra de destrucción. El corazón se deshace en sus entrañas. Pero a pesar de esa desgracia extrema, el agonizante parece conservar la esperanza; comprende que es Dios quien le conduce a la muerte: «Me echas al polvo de la muerte» (v. 16). Ese Dios que es vida y salvación, el Dios de los vivos y no de los muertos, nuestro Dios solo puede conducirnos a la muerte como Salvador.

Es lo que confesamos en el Credo: «Jesucristo (...) descendió a los infiernos». ¡Cuidado! Jesucristo no descendió al infierno. Los infiernos son el mundo de los muertos. Él fue a los infiernos a buscar a aquellos que le esperaban, pero que no

---

[20] *Is* 53, 7.

le habían visto. Muchos iconos representan a Jesucristo tomando de la mano a Adán para sacarlo de los infiernos. Este artículo del Credo subraya que Jesucristo vino a salvarnos a todos sin excepción, tanto a los que vivieron antes de la Encarnación como a los que, a día de hoy, deciden seguirle.

«Me rodea una jauría de perros, me asedia una banda de malvados. Han taladrado mis manos y mis pies. Puedo contar todos mis huesos» (vv. 17-18). Cómo no pensar en la Pasión de Cristo. Una vez alcanzada la presa, todo está decidido. La inminencia se convierte en certeza; Jesucristo muere antes de morir. Las heridas alcanzan las manos y los pies. Cualquier cambio es imposible. El condenado no es nada más que un cuerpo, nada más que sus huesos, que él mismo cuenta. «Ellos miran, me observan, se reparten mis ropas y echan a suertes mi túnica» (vv. 18b-19).

El condenado a muerte ya solo se tiene a sí mismo; todos sus bienes retornan a los poderes públicos. Aún sigue con vida, pero consideran que ya no necesita ropa. En la cruz, Jesucristo nos recuerda a ese condenado. También él ha sufrido el despojo; también él ha experimentado ese sufrimiento, igual que nosotros. Pero Jesucristo sabe que, por medio de ese sufrimiento, salvará el mundo. Para los hombres, la cruz es un fracaso, pero para Dios es obra del amor y de la salvación. Jesús se deja crucificar por amor, para hacer de nosotros hijos amados de su Padre. El momento de la inminencia ha pasado y es entonces cuando resuena el lamento del salmista:

> Pero Tú, Señor, no te alejes. Fuerza mía, date prisa en socorrerme. Libra mi alma de la espada, mi única vida de las garras de los perros. Sálvame de la boca del león, mi pobre existencia, de los cuernos de los búfalos (vv. 20-22).

El salmista pone fin a su súplica; se aproxima la ejecución por la espada. Se da una proximidad del condenado con su Dios, al que habla de tú. Dios se encuentra con el hombre en el momento en que este es atacado por las fieras. Dios domina la muerte: esta no tendrá la última palabra. Cuando la muerte se presenta, Dios muestra hasta qué punto la muerte le es ajena, pues solo interviene después de ella. La intervención divina queda oculta en el secreto de la noche y su silencio. En el salmo, el momento de la respuesta se produce casi en el umbral de la muerte.

No hay transición. El paso de las lágrimas a la alegría es abrupto y sin causa aparente. «Anunciaré tu Nombre a mis hermanos, te alabaré en medio de la asamblea» (vv. 22-23).

Así como la muerte implicaba abandono, soledad y separación, la vida implica comunión, y el salvado se dirige a los demás para proclamar el nombre de su Salvador. Una vez pasado el peligro, el condenado entona su cántico a los hermanos y se sitúa en el centro de la asamblea. Lleno de la gracia del Señor, la comunica de inmediato para recibir esa gracia en abundancia.

«[Dios] no desprecia ni desdeña la miseria del mísero (...); cuando a Él clama, le escucha» (v. 25). Dios no es como los dioses paganos, aislados en el séptimo cielo, ni como los ídolos de madera, que tienen boca pero no hablan, ojos pero no ven, oídos pero no oyen[21].

Nuestro Dios no rechaza al mísero. Es lo que debemos proclamar: el Dios del universo se preocupa del mísero y escucha su súplica. Por eso el condenado hace un voto en medio de su sufrimiento: «Te alabaré (...). Los pobres comerán hasta saciarse» (v. 26).

Todos los que buscan a Dios tendrán siempre el corazón lleno de vida y de alegría. Cada uno de nosotros debe recordar las intervenciones de Dios en su vida. Así permaneceremos en Dios y le daremos las gracias.

«Se acordarán y se convertirán al Señor los enteros confines de la tierra» (v. 28a). Se trata de un momento de la historia de la salvación. La experiencia vivida por el salmista es una señal para toda la humanidad: «Se postrarán en su presencia todas las familias de las naciones» (v. 28b). Toda la humanidad aceptará al Señor y recono-

---

[21] Cfr. *Sal* 115, 5-6.

cerá su Reino universal. Todos los poderosos de la tierra tendrán que postrarse ante Él. Ellos, cuyas riquezas son perecederas, están condenados a la muerte. Los ricos se inclinarán ante Dios, pero no le alabarán, pues están en el *sheol*, es decir, en el silencio.

¿No es esta una evocación en la cruz de Jesucristo como rey? Un Mesías crucificado, un rey coronado de espinas y, por lo tanto, un Mesías que desconcierta; esperábamos cualquier cosa, pero no un Dios que sufrió, murió y resucitó, un Dios que viene a mendigar nuestro mísero amor.

«Mi alma vivirá para Él. Mi descendencia le servirá, hablará del Señor a la generación venidera, y proclamarán su justicia al pueblo que ha de nacer: "Así lo hará el Señor"» (vv. 30-32).

Los que están lejos de Dios mueren, mientras que la promesa hecha a aquellos que Dios salva es una promesa del Maestro. Es una promesa dirigida a la descendencia del salmista. También es el futuro de Israel, pero sobre todo es el futuro de la Iglesia.

«Así lo hará el Señor» (v. 32c). Dios ha actuado; ha vencido a la muerte. ¿Quién podrá dejar de comunicar esta noticia? La noticia es transmitida a la generación venidera. La posteridad que transmite esta alabanza es la de los pobres que buscan a Dios. Todos somos pobres de Dios, pero no le buscamos con confianza. Nuestro deseo de estar con el Señor solo se verá satisfecho cuando nos encontremos con Él cara a cara. Por eso, en nuestro peregrinar por la tierra, ese deseo no dejará de aumentar.

En el salmo 22 nos unimos a la oración del Mesías crucificado. Quien recite este salmo puede convertirse, sin saberlo, en aquel que anuncia al futuro Salvador.

En la liturgia del Jueves Santo, el sacerdote se despoja de la casulla, la vestimenta sacerdotal por excelencia, y la deja encima del altar. Después de la procesión al altar de reposo, el sacerdote regresa al coro cantando *recto tono* este salmo, mientras que se procede a la denudación del altar. Finalmente, el sacerdote entra en silencio en la sacristía. El salmo 22 sirve de transición entre el Jueves Santo, día de la institución de la Eucaristía y el Sacerdocio, y el Viernes Santo, día en que tiene lugar la salvación del mundo.

Tras este breve recorrido bíblico, debemos quedarnos con una idea: el silencio de Dios no es nuevo. Todo creyente, en un momento u otro, debe enfrentarse a esta cuestión en medio del combate espiritual. ¿Por qué Dios parece guardar silencio, cuando no es más que Palabra? Suele decirse que el cristianismo es la religión del libro, pero eso no es del todo exacto: el cristianismo es la religión de la Palabra, de ahí que el silencio de Dios nos resulte tan insoportable.

EL CRISTIANISMO,
LA RELIGIÓN DE LA PALABRA

Seamos sinceros: muy pocos católicos dedican un tiempo cada día a leer la Palabra de Dios. Y, en nuestras oraciones, la Palabra suele estar muy poco presente. ¿Quién se confiesa a partir de un pasaje del evangelio? ¡Cuántos fieles llegan a misa durante la liturgia de la Palabra, por no decir después, sin entender que la liturgia de la Palabra sirve de preparación para la liturgia eucarística!

El joven san Agustín intentó leer la Biblia por primera vez pero la cerró, pensando que se trataba de una historia interesante, pero que pertenecía al pasado. Fue san Ambrosio quien le descubrió que aquellas palabras seguían vivas. *¿Qué te dice el Señor hoy?*

Si queremos escuchar al Señor, debemos interiorizar su Palabra. Como señala Orígenes, padre de la Iglesia del siglo III, la Palabra debe echar raíces en nosotros, conmover nuestros corazones.

Detengámonos en la Revelación: se trata de la revelación de alguien a alguien. En un principio,

Yahvé estableció una alianza con el hombre como un Señor con su siervo. Después, progresivamente, esa alianza pasó a ser la de un Padre con su hijo, la de un amigo con su amigo, la del esposo con la esposa. La Revelación procede de la iniciativa divina. No es el hombre quien descubre a Dios, es Yahvé quien se revela cuando quiere, a quien quiere y porque quiere.

Mediante la Revelación, el hombre se ve confrontado a una Palabra que reclama fe y cumplimiento. El pecado consiste en no querer escuchar, en endurecer el corazón y resistirse.

Así, según el hombre la acoja o la rechace, la Palabra se convierte en gracia o condena. No olvidemos que la Palabra de Dios nos conduce a una comunión con Él de cara a la salvación.

Con Jesucristo, la Palabra interior de Dios, en la que este se expresa de manera total, se hace hombre y se convierte en Evangelio, en Palabra de salvación. Jesucristo es el único revelador perfecto; su misión reveladora se arraiga en su propia vida en el seno de la Trinidad. ¿Pero cómo debemos leer la Palabra?

El Evangelio, al igual que el Antiguo Testamento, debe comprenderse en el Espíritu. Su verdad solo la conocen aquellos que saben transformar el Evangelio que escuchan en Evangelio espiritual. Todos los relatos evangélicos, todas las palabras de Jesucristo albergan un misterio que hay que desentrañar. Pero para conseguirlo hace falta fe.

Para san Agustín, las Sagradas Escrituras son la voz misma de Dios encarnada en letras humanas. Las palabras de la Escritura son divinas porque es Dios quien las da a los hombres y quien obra a través de ellas.

Las Sagradas Escrituras existen para que el hombre pueda ver la luz y escuchar la Palabra de Dios viva. La Palabra nos interroga sobre aquello que estamos viviendo. Su función es elevarnos hacia Aquel que no podemos ver ni escuchar físicamente.

La Escritura se convierte entonces en una prolongación de la encarnación del Verbo, puesto que permite un contacto que de otra manera sería imposible. Por eso, la lectura meditada de la Palabra de Dios, que la tradición llama *lectio divina*, es tan importante. Es así como experimentamos que Dios ya no es silencio, sino Palabra.

La *lectio divina* consiste en buscar a Jesucristo; es una palabra rezada. Es importante prepararse para leer los evangelios con el corazón abierto. De esa manera, Jesucristo se hace presente y él mismo nos explica su Palabra.

Si recibimos la Palabra sin preparación, sin fe, sin amor, esta no echa raíces. El mayor peligro al leer la Biblia es la escucha superficial de la Palabra de Dios. «A todo el que oye la palabra del

Reino y no entiende, viene el Maligno y arrebata lo sembrado en su corazón»[1].

Resultan muy interesantes los consejos que aporta Enzo Bianchi en su libro *Orar la Palabra*[2]. Para empezar, dice: «Preguntad al Espíritu, Él os iluminará». Al igual que ocurre al comienzo de la oración, debemos presentarnos ante el Señor con nuestros límites y nuestras debilidades y abrirnos a la misericordia divina. Acto seguido debemos invocar al Espíritu Santo para que nos ilumine y permita que nos encontremos con el Señor: la Palabra solo puede echar raíces por medio del Espíritu.

El Espíritu nos libera de nosotros mismos: no podemos leer la Palabra si el centro de atención sigue estando en el yo. Debemos elevar nuestro corazón para acceder a ese conocimiento lleno de amor. Ese conocimiento amoroso es el del corazón. Así, la lectura se convierte en un encuentro de corazón a corazón. Debemos adoptar la actitud de san Juan cuando estaba recostado en el pecho de Jesús.

A continuación, Bianchi nos aconseja buscar «en la lectura, allí encontraréis la meditación». La lectura meditada requiere silencio, soledad, fidelidad. ¡Tenemos que dejar que Dios se exprese! Lo que no sabemos, lo aprendemos en la Biblia.

---

[1] *Mt* 13, 19.
[2] E. Bianchi, *Orar la Palabra*, Monte Carmelo, Burgos 2004.

Lo que hemos aprendido lo meditamos en el corazón, como hizo María; y aquello sobre lo que hemos meditado inspirará nuestros actos.

El momento más importante de la lectura es la meditación. «Gustad y ved qué bueno es el Señor»[3]. Si en la lectura lo más importante es la atención, en la meditación interviene la memoria: memoria del corazón que acoge la Palabra. Esta meditación permite que el texto se convierta en Palabra. A veces, en medio de las dificultades, en medio del silencio de Dios, surge la Palabra en nuestras células internas.

Finalmente, Bianchi nos aconseja: «Poned la Palabra en práctica, así daréis testimonio del Señor». La verdadera escucha de la Palabra debe llevarnos a ponerla en práctica. La *lectio divina* no es solo una escuela de oración, es una escuela de vida.

Si la lectura de la Palabra no transforma mi vida, si no me convierte, es porque me he quedado en la superficie. He aquí, tal vez, la primera respuesta a la cuestión del silencio.

Prosigamos con la Palabra de Dios. En griego, la palabra «Apocalipsis» significa «revelación». En los momentos de crisis, como el que vivimos ahora mismo con las secuelas de la pandemia, las guerras y las crisis económicas, nos interrogamos sobre nuestro futuro. ¿Qué va a ser de nosotros?

---

[3] *Sal* 34, 9.

También nos preguntamos por el significado de esos conflictos y sus consecuencias. Un mensajero de Dios viene entonces a desentrañar la historia; dicho mensajero nos nuestra que el fin está cerca, y que ese fin dará la vuelta a la situación. Es en este clima cuando se producen las revelaciones, con un mensajero que puede scr un profeta, como Daniel, o un ángel. Hay un libro cerrado y debemos abrir los sellos para descubrir y comprender el misterio que alberga. Para ello contamos con la inteligencia de la fe. El misterio no tiene nada que ver con la dialéctica ni con lo incomprensible, sino con lo oculto que se pone de manifiesto. Es una revelación, un secreto, una confidencia que Dios nos hace.

Algunas personas reciben revelaciones privadas, pero estas deben conformarse a la fe. Toda revelación privada se debe someter al discernimiento. No hagamos hablar a Dios: Él es quien tiene la iniciativa. Él es quien gobierna la historia. Dios nos ilumina para que podamos percibir su presencia. El problema de nuestra época es que nos hemos emancipado de Dios; nos hemos olvidado del Maestro de la historia porque somos demasiado orgullosos. Las guerras, las crisis y las enfermedades sirven para recordarnos nuestra fragilidad. Nuestro Dios posee un Verbo, así que no es mudo. Dios se expresa en el misterio trinitario y, para Él, hablar equivale a actuar.

Las palabras y los actos son los mismos en la Biblia. El acto es comunicativo, significante. He aquí otra respuesta a la cuestión del silencio de Dios. Junto a su Palabra, está el acto. ¿Qué quiere decirnos el Señor por medio de las guerras, las pandemias y las crisis económicas? Cuidado, Él no es el causante de estas desgracias. Eso lo sabemos. Dios, por el contrario, se muestra cercano a lo que vivimos. No es un dios pagano «confinado» al séptimo cielo. Dios da sentido a lo que vivimos. Muchas veces pensamos que nada tiene sentido, de ahí la rebelión y el miedo. Es necesario pararse y tomar cierta distancia para descubrir ese nuevo camino que Dios nos ha propuesto. ¡Cuántos políticos nos prometieron que íbamos a vivir una época distinta! ¿Pero qué nos va a deparar esta época? ¿Recuperará Dios su lugar en la sociedad? ¿Recuperará el hombre, creado a imagen de Dios, su dignidad? ¡Cuánto hemos tardado en darnos cuenta del sufrimiento de los ancianos! Toda criatura, joven o vieja, enferma o sana, es valiosa a los ojos de Dios. ¿La búsqueda desenfrenada del beneficio seguirá siendo el motor de la economía? ¿Podemos construir una Europa basada únicamente en la economía? ¿Cuáles son nuestros valores? ¿Por qué hemos rechazado nuestros valores cristianos, nuestras raíces cristianas?

Dios no habla para sermonearnos, sino para hacernos reflexionar y para invitarnos a recuperar el sentido común. Cuando Dios habla, actúa. Cuando Dios actúa, habla. Ya en tiempos de los profetas, para hablar del mensaje de Dios se utilizaba la acústica (el profeta es el que habla) y la estética (el profeta es el vidente). Por eso debemos observar y escuchar lo que nos pasa. El problema es que a veces sufrimos una ceguera espiritual: esa ceguera y esa sordera es lo que nos impide permanecer a la escucha.

¿Dónde más nos habla Dios? Nos habla a través de la Creación, a través de las criaturas que somos. Un bello paisaje nos plantea la cuestión de su Creador. Nosotros mismos, creados a imagen de Dios, deberíamos percibir su existencia y por lo tanto su Palabra. ¿Pero en verdad somos conscientes de haber sido creados a su imagen?

¿Y si nos encontráramos en el camino a Emaús? Recordemos a los dos discípulos acompañados por el Resucitado. Al principio no lo reconocieron. Su fe pascual se completó mediante la comprensión, gracias a Jesucristo, de las Sagradas Escrituras. La fe cristiana no es otra cosa que la confluencia entre los dos testamentos. Después de Jesucristo no hay una revelación suplementaria ni equivalente. El Padre le dio todo a su Hijo; no guardó ningún secreto, a excepción de la Parusía, el regreso del Resucitado en toda su gloria. Nadie conoce la fecha de esa venida, solo el Padre.

La relación con ese Dios que tanto nos amó, que nos dio todo, nos dijo todo y nos perdonó todo es la característica fundamental del cristianismo. El mayor acto de amor es el don del Hijo, al que Dios no quiso evitar el sufrimiento. La revelación solo pudo darse porque el Padre nos dio a su propio Hijo de una vez por todas; a su Hijo y no a un sustituto. De lo contrario no nos habríamos tomado en serio el don de Dios. Por lo tanto, permanecer a la escucha de la Palabra supone seguir a alguien, vivir con él, frecuentarlo, ser su compañero.

En el Nuevo Testamento es Jesucristo quien nos habla, ¡pero debemos escucharle! La Palabra de Dios se hace oír en Jesús; sus palabras permanecen en la historia como palabras de Dios. El «abajamiento» de Dios está ahí. Dios, que se hace hombre, asume todo lo propio del hombre, sobre todo el lenguaje. Jesús, verdadera Palabra de Dios, se somete a la experiencia humana de profundización del lenguaje. Dios se encuentra con nosotros de la manera más expresiva y comprensible: se sirve del lenguaje, puesto que lo posee plenamente. Solo le añade un carácter definitivo: «Mis palabras no pasarán»[4].

Jesús es a la vez revelador y revelación de Dios pues, en él, Dios abandona libremente su silencio y se da a conocer como comunión de

---

[4] *Mt* 24, 35.

amor. Jesucristo es el centro: en él, las dos historias, la de Dios y la del hombre, se identifican. Jesucristo es la verdad histórica sobre Dios. Por eso representa la plenitud de la Revelación.

En conclusión, si Dios decidió hablar el lenguaje de los hombres, eso significa que dicho lenguaje es digno de Dios y que el hombre es capaz de dialogar con el Padre. Por eso, la Palabra de Dios debe estar en el centro de nuestra vida espiritual. Dios nos habla; ha abandonado su silencio. ¡Pero no le escuchamos! Puede que hablemos demasiado y no dejemos que Dios se exprese. Es algo que suele ocurrirnos cuando rezamos.

Es posible que algunos lectores no estén de acuerdo con esto. «¡Yo sí le escucho!», dirán. Y yo les digo: «Abrid la Biblia». Algunos la abren al azar, pensando que así van a encontrar una respuesta a sus preguntas. Es cierto que san Agustín hizo lo mismo en la famosa escena del jardín, cuando escuchó a un niño gritar: «¡Toma y lee!»[5]. El santo tomó entonces las Sagradas Escrituras, abrió el libro y leyó el fragmento de la Carta a los Romanos donde Pablo exhorta a abandonar la antigua vida y llama a una conversión radical. Y eso fue lo que hizo san Agustín. En unos cuantos versículos, Dios dio respuesta a los deseos del futuro converso.

---

[5] AGUSTÍN DE HIPONA, *Confesiones*, libro VIII.

¿Debemos leer así la Palabra de Dios? No olvidemos que el Doctor de la Gracia no se limitó a leer unos cuantos versículos, sino que leyó la Biblia entera. ¡Qué triste es pasar de puntillas por una Palabra que podría servir de respuesta a nuestras preguntas más acuciantes! Muchas veces seleccionamos o ignoramos algunos pasajes de las Escrituras porque queremos tranquilizar nuestra conciencia y adaptar la Biblia a nuestro gusto. El Señor nos habla, pero nos da miedo escucharle. Me acuerdo de un joven que vino a verme para discernir su vocación. Nada más sentarse me dijo: «¡Padre, por favor, no me diga que el Señor me llama al sacerdocio!». Queremos cumplir la voluntad de Dios, pero solo si coincide con la nuestra. Es entonces cuando Dios prefiere callarse. ¡Él, que no es más que Palabra! Dios quiere nuestra felicidad, pero no quiere imponernos nada.

Aun así, no debéis desanimaros. Si no tenéis costumbre de leer la Palabra de Dios, os propongo otro camino: el del deseo interior. Es verdad que ese camino nos lleva de nuevo a los salmos, pero conecta con nuestro ser interior, que tiene sed de la respuesta de Dios.

EL DESEO DE DIOS

Antes de abordar el papel del silencio de Dios en la oración y de descubrir la necesidad del silencio del hombre, debemos reflexionar sobre el deseo, fuente de toda vida espiritual. Concretamente, sobre el deseo de Dios que se experimenta, sobre todo, en el silencio.

> Yo mismo la seduciré, la conduciré al desierto y le hablaré al corazón (...). Te desposaré conmigo en fidelidad, y conocerás al Señor[1].

En el encuentro de corazón a corazón sobran las palabras... Una mirada, una sonrisa, un gesto bastan para decir: «Te quiero». Si queremos penetrar en el silencio de Dios y comprenderlo, solo podrá ayudarnos la experiencia espiritual. ¿Pero acaso buscamos a Dios? ¿Está abierto nuestro corazón a esa fuente de agua viva, sobre todo cuando rezamos? El gran san Agustín, en sus comentarios a los salmos, nos dice:

---

[1] Cfr. *Os* 2, 16.22.

Tu deseo es tu oración, y si tu deseo es continuo, continua es tu oración (...). Tu deseo continuo es tu voz continua. Callas si dejas de amar. El frío de la caridad es el silencio del corazón; el ardor de la caridad es el clamor del corazón. Si la caridad permanece siempre, estás clamando siempre; y si clamas siempre, estás deseando siempre[2].

San Agustín nos proporciona un criterio para discernir si nuestra oración es deseo, y a la inversa. Y ese criterio es la caridad. ¡Qué don más grande que todo nuestro ser pueda convertirse en un santo deseo, que nuestra oración refleje la respiración de nuestro corazón! Por eso, la primera pregunta atañe al deseo. ¿Os acordáis de la primera pregunta de Jesucristo a los discípulos que le seguían? «¿Qué buscáis?». Y ellos respondían: «¿Dónde vives?».

Debemos purificar nuestro deseo, y a eso nos ayuda Jesucristo. Para Nicodemo, se trata de una purificación de los deseos imperfectos. En el discurso sobre el Pan de vida, se trata de la purificación de los deseos terrenales. Para la samaritana, es el reconocimiento de su propio pecado. Para el paralítico, es el reconocimiento de su impotencia. En el caso de Lázaro, es el reconocimiento de su

---

[2] Agustín de Hipona, *Comentarios a los salmos*, XXXVII.

estado de muerte... Así podría seguir con todos los encuentros que tiene Jesús en el Evangelio.

El principal obstáculo es nuestro orgullo. El salmista y los profetas no dejan de denunciar ese orgullo de los hombres. El problema es que estamos saturados. La sociedad de consumo suscita en nosotros deseos superficiales que desaparecen en el momento en que se ven satisfechos, y debido a la publicidad surgen nuevos deseos. El deseo espiritual es completamente distinto, porque no deja de crecer. Pero para eso debemos aceptar depender de Dios. Y eso supone cambiar de punto de apoyo, no depender de nuestras propias fuerzas, sino, reconociendo nuestra debilidad, apoyarnos en Dios. En eso consiste la esperanza o, si lo preferís, en eso consiste la primera bienaventuranza: «Bienaventurados los pobres de espíritu, porque suyo es el Reino de los Cielos»[3]. En efecto, el pobre de espíritu está dispuesto a recibirlo todo de Dios. No negocia con el Señor.

Para ser discípulos de Jesucristo, debemos aceptar seguir el camino del deseo. Pero no podemos caer en la tentación de contentarnos con los primeros resultados. Es cierto que a veces nos detenemos en la primera posada que encontramos en el camino, ¡pero no debemos instalarnos en ella! Uno no puede estancarse en la vida espiritual: o se avanza o se retrocede, y muchas veces

---

[3] *Mt* 5, 3.

se retrocede más deprisa que se avanza. Nuestra vida espiritual es una subida, pero eso no debe desanimarnos. Nos lo recuerda san Gregorio de Nisa, padre capadocio del siglo IV:

> Quien asciende nunca deja de ir de principio en principio; y los principios de las realidades superiores no tienen fin. El deseo del que sube no se detiene jamás en aquello que conoce, sino que, sin dejar de ascender de un deseo nuevo a otro aún más grande, el alma prosigue su camino hacia el infinito, elevándose cada vez más[4].

Dios, por tanto, será siempre «el *buscado*»; el hombre solo podrá encontrarle en el silencio y en la contemplación: tal es el deseo que nos lleva a ascender. Dios es la fuente que brota eternamente en el Espíritu. Dicha fuente sacia la sed, pero no el deseo. La subida nunca termina. Encontrar a Dios consiste en buscarle sin cesar... El deseo del alma se ve satisfecho y a la vez permanece insaciable. «Pues en eso consiste propiamente ver a Dios, en no dejar nunca de desearle»[5]. No penséis que ese camino está reservado a los

---

[4] GREGORIO DE NISA, *La colombe et la ténèbre. Textes extraits des Homélies sur le Cantique des Cantiques*, trad. de Mariette Canévet, Collection foi vivante, Éditions de l'Orante, París 1967 [*trad. esp. de la T*]. Cfr. *Semillas de contemplación. Homilías sobre el Cantar de los Cantares. Vida de Moisés: historia y contemplación*, BAC, Madrid 2001.

[5] GREGORIO DE NISA, *Vida de Moisés*, 405 [cfr. *ibídem*].

místicos. ¡Todos somos místicos gracias al Bautismo! En el corazón de todo hombre anida ese deseo de ver a Dios y de oír su voz.

Detengámonos un momento en este texto tan hermoso. Antes de la célebre *Subida al monte Carmelo* de san Juan de la Cruz, Gregorio de Nisa fue nuestro primer guía en el camino hacia Dios. Es cierto que el misterio de Dios es inaccesible, pues Él es el «absolutamente Otro». «Tú, que estás más allá de todo, ¿de qué otra forma podría llamarte? ¿Con qué himno podría cantarte? Ninguna palabra puede expresarte»[6]. Y sin embargo, debemos hacer esa subida para atisbar aunque sea un destello de Dios, antes de la visión final de la que gozaremos después de nuestra muerte. En el camino, debemos dejar atrás los falsos espejismos, debemos huir de las pasiones que nos propone el mundo y que detienen nuestro avance. El que se deja seducir por las apariencias se estanca. Se parece a un hombre que camina por el desierto: sus pies se hunden en la arena y no consigue avanzar. El que se deja llevar por los placeres y las diversiones tiene la impresión de ir adelante, pero en realidad retrocede.

Para progresar, el alma debe liberarse poco a poco del peso de lo sensible, que solo consigue aturdirla. La fe consiste en desligarse de las reali-

---

[6] Poema de san Gregorio Nacianceno, en *Prières des premiers chrétiens*, Desclée de Brouwer, París 1981.

dades terrenas para recibir de Dios el alimento que viene del cielo, el maná que se adapta a nuestras necesidades y a nuestra capacidad. No provisiones, es decir, una seguridad, sino únicamente lo necesario: el pan de cada día, como decimos en el *Padrenuestro*. Así, poco a poco va calando en nosotros una alegría nueva que viene de arriba: el amor de Dios. El desierto de arenas movedizas se puebla de una presencia que parece hacerlo florecer. Por eso, el que busca a Jesucristo termina dándose cuenta de que «ver a Dios consiste en seguirle a todas partes»[7].

Es cierto que en el camino espiritual se da una alternancia de luces y sombras, de deslumbramiento y oscuridad, de revelación y soledad. Cuanto más cerca creemos estar, más lejana parece la cima, pues Dios será siempre inalcanzable. Esto es algo que, al igual que el silencio, nos desconcierta. Sin embargo, san Gregorio nos dice:

> Este conocimiento de Dios en medio de las tinieblas es un conocimiento verdadero y es susceptible de un progreso infinito. He ahí el gran secreto; en eso consiste la verdadera visión de Dios: en el hecho de que aquel que se dirige hacia Él no deja nunca de desearlo. Y en eso consiste realmente ver a Dios: en no poder satisfacer nunca ese deseo[8].

---

[7] Gregorio de Nisa, *Vida de Moisés*, 408.
[8] *Ibídem*, XLIV, 404, A-D.

Al decir esto, san Gregorio no quiere desanimarnos en nuestro deseo de conocer a Dios. ¡Al contrario! Quiere que purifiquemos ese deseo por medio de la humildad. Somos criaturas, pero creadas a imagen de Dios, y eso nos permite unirnos a Él en la contemplación silenciosa. Escuchemos al santo una vez más:

> En las cosas que corresponden a las realidades supraterrenas, la criatura no puede escapar de sus propios límites, sino que debe contentarse con conocerse a sí misma y, por lo tanto, callarse. En estas cosas, lo mejor es el silencio[9].

Experimentamos el conocimiento que Dios tiene de nosotros y que nos da de sí mismo en la obra que realiza en nosotros. El corazón se aquieta al reconocer cada vez más la fuente de esa verdad que obra en él: «Haz que mi corazón sea sencillo, para que tema tu nombre»[10].

San Agustín, en su *Comentario a la primera Carta de san Juan*, nos muestra hasta qué punto el deseo dilata el corazón:

> La vida entera del buen cristiano es un santo deseo. Lo que deseas aún no lo ves, pero deseándolo te capacitas para que, cuando lle-

---

[9] *Ibídem*, XLIV, 732.
[10] *Sal* 86, 11.

gue lo que has de ver, te llenes de ello (...). Dios, difiriendo el dártelo, extiende tu deseo, con el deseo extiende tu espíritu y extendiéndolo lo hace más capaz (...). Esta es nuestra vida: ejercitarnos mediante el deseo[11].

¿Qué otra cosa puede ser la oración, sino deseo? La oración es un don del corazón, no un trabajo del espíritu. Es un amor que aspira a otro amor. Es el fruto del Espíritu Santo, que extiende su amor a nuestros corazones.

El cristiano que busca a Dios está seguro de encontrarlo, de verse colmado –más allá de sus propios deseos– de bienes tan grandes que no hay palabras para describirlos:

> Esta dilección existe ahora en el deseo, no aún en la saciedad, y el Padre nos da cualquier cosa que en nombre del Unigénito Hijo pidiéremos por ese mismo deseo[12].

Si el cristiano, por error, solicita en su oración un bien que no le conviene, Dios le satisface concediéndole algo distinto a lo que ha pedido. ¡Distinto y mejor! ¿Y dónde se encuentra ese deseo? En el corazón: «Esto es el escuchar de Dios, no

---

[11] AGUSTÍN DE HIPONA, *Comentario a la primera Carta de san Juan*, IV, 6.
[12] ÍDEM, *Comentario al evangelio de san Juan*, 86, 3.

con el oído carnal, sino con la presencia de su majestad»[13].

Hemos sido creados para eso: para ser santos, para vivir en el amor, en la presencia de Dios. Por eso clamamos al Padre no con la voz, sino con el corazón. Ya no nos encontramos en el terreno de la palabra, sino en el reino del silencio.

Al principio de la oración, debemos recordar que Dios está presente en nuestro corazón mediante la presencia de sus gracias: presencia de inmensidad, a veces identificada con la inhabitación en nosotros de la Santísima Trinidad. He ido a Auschwitz varias veces. No hay palabras para describir semejante horror. El silencio reina durante toda la visita. *¿Dónde está tu Dios?* Pues precisamente en ese silencio.

Por lo tanto, debemos hacer una oración interiorizada porque, en su esencia, la oración se identifica con nuestro amor, el cual es el verdadero cántico y la realidad más íntima de nosotros mismos. «Amas y callas; pues bien, el amor es voz que se dirige a Dios, el mismo amor es el cántico nuevo»[14]. La oración debe convertirse en silencio para vibrar en su pureza original.

Profundizando en la raíz sobrenatural de la oración, podemos identificarla con el deseo, que es el movimiento íntimo del corazón. En eso con-

---

[13] Ídem, *Comentario a los salmos*, 5, 2.
[14] *Ibídem*, 95, 2.

siste la oración no interrumpida: las palabras desaparecen, pierden su sentido, pero el deseo persiste. Esta es una de las claves de la oración.

Hay otra oración interior no interrumpida, que es el deseo. Hagas lo que hagas, si estás deseando el sábado eterno, no interrumpes tu oración[15].

Solo hay un movimiento del alma, y es el amor, que se traduce en el deseo. Ejercitar el deseo profundizará nuestra unión con el Señor con todo nuestro ser. Por eso la oración nos transforma por dentro: en ella nos amoldamos a Dios; nuestro deseo deja de ser un objeto y pasa a ser Dios mismo, y nuestra oración termina con la aceptación de la voluntad del Padre. La oración transforma todo nuestro ser porque en ella tomamos como modelo a Dios.

Pero esa oración debe ser una escuela de vida. Debemos asegurarnos de que nuestra oración sea verdadera, es decir, vivificada por un auténtico sentimiento de Dios; nuestro único deseo debe ser el amor verdadero.

Si quieres amar al Señor, ámalo sincera y entrañablemente, quiérelo con los más profundos y castos anhelos; ámalo, inflámate en

---

[15] *Ibídem*, 37, 14.

su deseo; arde por su búsqueda; no vas a encontrar nada más grato[16].

Es verdad que hace falta paciencia: no es fácil convertirse en un auténtico «mísero» de Dios. Debemos tener en cuenta que rezar consiste en hacerse capaz de Dios.

Para progresar en la oración, os invito a tomar como modelo a Jesucristo. Este se convertirá así en una presencia; una presencia inalcanzable, pero que os llevará cada vez más lejos. La oración permite que Jesús viva en nosotros. De esa manera, Jesús se convierte en pura interioridad: no solamente un modelo a seguir, sino Aquel que está en nosotros como él está en el Padre. Nuestra oración no es únicamente una oración a Jesús, sino la oración de Jesús en nosotros. Para el hombre, la única forma verdadera de acceder al Padre es Jesús. Cuando el hombre descubre a Jesús, vive una verdadera experiencia de encuentro. Es entonces cuando su oración alcanza la perfección.

«Lo que pidáis en mi nombre eso haré, para que el Padre sea glorificado en el Hijo. Si me pedís algo en mi nombre, yo lo haré»[17]. La oración de aquel que mora en Jesús y en su palabra se convierte en un acceso a la vida trinitaria. Cuanto

---

[16] *Ibídem*, 85, 8.
[17] *Jn* 14, 13-14.

más entre en intimidad con Jesucristo, más seguro estará de verse satisfecho.

Nunca estamos solos en la oración, pues esta nos conduce a una intimidad con el Padre y abre nuestro corazón al mundo entero por medio del amor. La oración toma todo lo que somos y, purificándolo, nos conduce a las cosas más profundas de Dios. La oración es movimiento, salida de uno mismo para ser don del otro.

A veces complicamos demasiado nuestra oración. En los evangelios, sin embargo, la oración es muy sencilla: se contenta con reflejar la realidad tal y como es. Eso hace María en Caná, cuando dice: «No tienen vino»[18]. Lo mismo hacen Marta y María cuando informan a Jesús: «Aquel a quien amas está enfermo»[19].

La oración también es una petición. No nos avergoncemos de pedir cosas a Dios. Eso sí, debemos asegurarnos de que nuestra oración no sea una demanda constante, sino una alabanza y una acción de gracias, sin olvidar la intercesión. Es cierto que a veces el hombre se equivoca respecto al verdadero objeto de su oración; sin embargo, Dios mismo es quien le invita a hacer peticiones, simplemente para respetar su libertad. Porque Dios sabe muy bien lo que el hombre necesita.

---

[18] *Jn* 2, 3.
[19] *Jn* 11, 3.

Jesucristo nos ayuda a descubrir nuestros verdaderos deseos. En la oración, partimos de la necesidad inmediata para elevarnos a la revelación de la verdadera vida. De esa manera la oración se convierte en una profesión de fe, como en la oración de Natanael: «Rabbí, tú eres el Hijo de Dios»[20]. O en la de Pedro: «Nosotros hemos creído y conocido que tú eres el Santo de Dios»[21]. O en la oración de Tomás: «¡Señor mío y Dios mío!»[22].

Orar es dejarse conducir por el Hijo hacia el Padre. Lejos de replegarse sobre sí misma, la oración se abre para abrazar el mundo. Para ilustrar ese encuentro de corazón a corazón que se vive en el silencio, vamos a analizar a continuación la Palabra de Dios y los salmos del deseo.

[20] *Jn* 1, 49.
[21] *Jn* 6, 69.
[22] *Jn* 20, 28.

LOS SALMOS DEL DESEO

Toda relación con Dios comienza con el deseo: el deseo de estar con el Señor, el deseo de estar en paz en lo más profundo de su corazón, el deseo de confiarse a Él y de sentir su presencia en el silencio. Comencemos por el salmo 63:

2 Oh Dios, Tú eres mi Dios, al alba te busco, mi alma tiene sed de Ti, por Ti mi carne desfallece, en tierra desierta y seca, sin agua.

3 Por eso te contemplo en el Santuario, para ver tu poder y tu gloria.

4 Tu misericordia vale más que la vida, mis labios te alabarán.

5 Así, te bendeciré toda mi vida, a tu Nombre alzaré mis manos.

6 Como de enjundia y de grosura se saciará mi alma, y con labios jubilosos te alabará mi boca.

7 En el lecho me acuerdo de Ti, en las vigilias de la noche medito en Ti;

8 porque Tú eres mi socorro, canto gozoso a la sombra de tus alas.

9 A Ti se aferra mi alma, tu diestra me sostiene.

10 Los que atentan contra mi alma irán a las profundidades de la tierra,

11 entregados al poder de la espada, serán pasto de chacales.

12 Pero el rey se alegrará en Dios; cuantos juran por él se gloriarán, porque será tapada la boca de los que dicen embustes.

Este salmo constituye un canto de una elevada espiritualidad mística. Expresa el abandono total en Dios y describe la oración como un deseo ardiente del Señor. Dicho de otro modo, la oración consiste, por encima de todo, en desear a Dios.

El alma se encuentra en el templo; la nuestra está en su celda interior, pues muchas veces nuestro corazón está herido. El alma está gozosa; su deseo renace al alba y busca el agua viva. En este salmo, el alma rebosa de alegría porque se encuentra cerca de Dios, en su santuario. Ya no es necesario decir nada: nos encontramos junto a Dios.

Estoy seguro de que todos conocemos ese deseo ávido de Dios y ese tipo de conversación con Él. Buscamos a Dios para vivir en su presencia, porque para eso hemos sido creados. Nuestra vida transcurre en el amor puro y sereno del don total de uno mismo.

«Oh Dios, Tú eres mi Dios» (v. 2): he aquí el centro del diálogo entre Dios y el alma contemplativa. Él es nuestro Dios, Aquel que está cerca de nosotros, que no es más que amor. Desde el principio de nuestra oración entramos en intimidad con Dios. Como los hijos de la luz, le pertenecemos. Él es nuestro Dios porque nosotros somos sus hijos.

Desde el comienzo de nuestra búsqueda, el alma se dirige hacia el Señor. Esa tensión positiva se produce desde el alba; nada más levantarnos, nuestro primer gesto consiste en dirigirnos al Señor y confiarle nuestra jornada. Todo nuestro ser está sediento de Dios: todas nuestras fragilidades, todas nuestras angustias y nuestras preguntas aspiran a Él. Las experiencias místicas involucran al hombre en su totalidad.

«Mi alma tiene sed de Ti», dice el salmista. Sin embargo, el drama de nuestra sociedad de consumo es que ya no tenemos sed de Dios. Nuestra carne desfallece: está seca, sin agua, es decir, sin Dios. Es un auténtico desierto, ¡pero preferimos el desierto a Dios! La oración nos conduce a la fuente, y esa fuente es Jesús. De su costado brota el agua viva. No solo el alma tiene sed, también la carne ansía a Dios. Todo ser creado por Dios y para Dios suspira por Él. Porque, al estar creado a su imagen, también el cuerpo es puro deseo.

Enseguida, la sed que aqueja al salmista –aquel que espera una respuesta de Dios y que sufre por su silencio– se eleva al nivel de una profunda espiritualidad. Nuestra alma se dirige al templo, lugar de la presencia de Dios, lugar de encuentro. En el salmo se trata seguramente de Jerusalén, puerta de entrada a la Jerusalén celestial y lugar de contemplación de Dios en la tierra.

«Por eso te contemplo en el Santuario» (v. 3). Jesucristo nos pide que nos retiremos a nuestra habitación, con la puerta cerrada, para orar a nuestro «Padre, que está en lo oculto»[1]. No olvidemos que nuestro corazón es el más bello santuario interior, ¡pero para comprobarlo debemos entrar en él!

¿Y qué vemos con los ojos interiores, con los ojos de la fe y el amor? La presencia de Aquel que nos ama y que está deseando decírnoslo. Esa presencia silenciosa es la Palabra. Para una contemplación de ese tipo, debemos aprender a

---

[1] *Mt* 6, 6.

instalarnos en nuestro corazón y permanecer en él. De ahí la importancia del recogimiento, del silencio. Más tarde entenderemos esto con mayor claridad. Es algo que digo muchas veces: vivimos demasiado en la superficie de nosotros mismos. Ojalá dedicáramos un tiempo cada día a descender a nuestro corazón y buscar refugio en él.

La contemplación nos ayuda a entender que «la misericordia [de Dios] vale más que la vida», por eso «mis labios te alabarán» (v. 4). Así es: al amor fiel de Dios solo se puede responder con la alabanza. Como dice san Pablo: «Sed agradecidos (...). Animaos unos a otros con salmos, himnos y cánticos espirituales, cantando agradecidos en vuestros corazones»[2].

De esa manera entramos en comunión con la Trinidad. La alabanza se convierte en la razón de ser de la vida y la contemplación, en nuestro punto de apoyo en el día a día. Entre dos actividades, elegid dar las gracias. No solo diciendo: «Gracias, Dios», sino reconociendo hasta qué punto el Señor os acompaña y obra en vosotros.

«Te bendeciré toda mi vida, a tu Nombre alzaré mis manos» (v. 5). Es así como establecemos un vínculo entre Dios y nosotros. Se trata de una alabanza en acto, una señal de apertura total a la acción de Dios. Cuando recéis, expre-

---

[2] *Col* 3, 15-16.

sad vuestra oración con vuestro cuerpo y vuestras manos. Que vuestra oración sea alabanza, súplica, plegaria...

Como dice el *Catecismo de la Iglesia Católica:* «La oración de alabanza, totalmente desinteresada, se dirige a Dios; canta para Él y le da gloria no solo por lo que ha hecho, sino porque Él es»[3].

Hemos empezado este salmo al alba y lo terminamos en plena noche: «En el lecho me acuerdo de Ti, en las vigilias de la noche medito en Ti». He aquí una hermosa definición de la oración: acordarse de Dios y meditar en Él. El papa Francisco habla de la oración «memoriosa», que consiste en acordarse de Dios en la vida cotidiana.

Al orante le gusta rezar por la noche en el templo. ¡Recordemos la vocación de Samuel! Hay fieles que prefieren rezar en el silencio de la noche. Jesús rezó a su Padre por la noche. ¿Y qué dice el orante a esas horas de la noche? Para empezar, deja hablar al Señor y descubre que su presencia fiel le invita al abandono y a la confianza. ¡No vayáis a creer que el orante oye voces! El silencio de Dios es su presencia.

«A Ti se aferra mi alma, tu diestra me sostiene» (v. 9). La gracia de la oración es esa comunión íntima. Dios y el alma se hacen uno: a

---

[3] *CCE*, n. 2649.

partir de ese momento somos dos seres unidos que no se pueden separar. Experimentamos el abandono y la confianza, porque la mano todopoderosa de Dios nos protege y nos da fuerza para el combate espiritual.

«No temas –dice el Señor en el libro de Isaías–, que Yo estoy contigo, no desmayes, que Yo soy tu Dios. Te daré fuerzas, te socorreré, te sostendré con mi diestra victoriosa»[4]. Ninguna amenaza podrá perturbar la paz de ese abrazo cuando el hombre se aferra a Dios y Este le sostiene. Estos dos movimientos son propios del amor recíproco.

Fortalecidos gracias a ese abrazo y esa presencia divina, podemos luchar contra aquellos que acechan nuestra alma, que ponen en peligro nuestra frágil fe. Nuestros enemigos también son enemigos de Dios. El salmista los envía al *sheol*, donde servirán de pasto a los chacales, es decir, donde se verán privados de sepultura y condenados a vagar para siempre.

Nuestros enemigos no son necesariamente los hombres, sino también –y sobre todo– nuestros ídolos, nuestras pasiones y tendencias incontrolables, nuestro mundo de oscuridad... ¡qué sé yo! Libres de estos enemigos, nos reuniremos con nuestro Dios. Los que dicen embustes verán tapada su boca y viviremos en la

---

[4] *Is* 41, 10.

luz de la verdad. Saldremos victoriosos con el Rey; gracias a su amor, más fuerte que la muerte, seremos los grandes vencedores. Por eso, el silencio de Dios no refleja una falta de interés por su parte, sino una garantía de su presencia.

Hemos empezado por el salmo 63 porque en él se encuentran los fundamentos de la oración. Para hacerse discípulo de Jesús, hay que aceptar seguir el camino del deseo. Nuestra vida espiritual es una subida, pero no debemos desanimarnos. Dios sigue siendo el «buscado», y el hombre solo puede encontrarle buscándole. Cada deseo provoca un nuevo ascenso. Dios es la fuente que brota eternamente en el Espíritu. Esa fuente sacia la sed, pero no el deseo. A veces, a Dios le gusta esconderse para acrecentar nuestro deseo. Pero aunque se oculte, no debemos dejar de buscarlo. El salmista está habitado por ese deseo y esa ansia: «Señor mío, todas mis ansias te son presentes»[5]. Y en el salmo 42: «Como ansía la cierva las corrientes de agua, así te ansía mi alma».

Os invito a releer en silencio el salmo 63, a dejar que la Palabra de Dios resuene y se incorpore a vuestra experiencia espiritual. Nuestra oración debe interiorizarse para que se identifique con el amor, que es nuestro verdadero cán-

---

[5] *Sal* 38, 10.

tico y la realidad más íntima de nosotros mismos. «Amas y callas; pues bien, el amor es voz que se dirige a Dios, el mismo amor es el cántico nuevo», escribe san Agustín. Nuestra oración debe transformarse en silencio para identificarse con nuestro deseo, que es el movimiento íntimo del corazón. En eso consiste la oración ininterrumpida.

De esa manera descubrimos que el silencio de Dios es una señal de su cercanía. «¡Aquí está!», solía decir el Cura de Ars a sus fieles señalando el sagrario de su pequeña iglesia. Es posible que este salmo no termine de convenceros, pero no por eso voy a desanimarme. De hecho, voy a mostraros dos salmos más. Veamos el salmo 42:

2 Como ansía la cierva las corrientes de agua, así te ansía mi alma, Dios mío.

3 Mi alma está sedienta de Dios, del Dios vivo. ¿Cuándo podré ir a ver el rostro de Dios?

4 Mis lágrimas son mi pan día y noche; todo el día me repiten: «¿Dónde está tu Dios?».

5 Recordando estas cosas me lleno de nostalgia: ¡cómo marchaba en el cortejo y desfilaba hacia la Casa de Dios, entre cla-

mores de júbilo y de alabanza, en medio
de la multitud en fiesta!

6 ¿Por qué te abates, alma mía, por qué te
me turbas? Espera en Dios, que aún podré alabarlo, salvación de mi rostro y
Dios mío.

7 Mi alma, dentro de mí, desfallece, por eso
te recuerdo desde el país del Jordán,
desde el Hermón y el monte Mizar.

8 Un abismo llama a otro abismo al estruendo de tus cascadas: tus ondas y tu
oleaje me han anegado.

9 De día, el Señor mandaba su misericordia, de noche me acompañaba su canto,
la oración al Dios de mi vida.

10 A Dios diré: «Roca mía, ¿por qué me has
olvidado, por qué he de andar abatido
por la opresión del enemigo?».

11 Al quebrantarse mis huesos, se burlan
mis adversarios. Todo el día me repiten:
«¿Dónde está tu Dios?».

12 ¿Por qué te abates, alma mía, por qué te
me turbas? Espera en Dios, que aún podré alabarlo, salvación de mi rostro y
Dios mío.

El salmo 42 se abre también con el deseo de Dios. Nos hallamos ante la oración de un exiliado, alguien que se ha visto obligado a vivir fuera de los límites de Tierra Santa. Sin embargo, sus pensamientos le llevan constantemente al templo de Jerusalén y a la multitud en fiesta, en medio de la cual él solía celebrar al Señor.

Este salmo refleja la historia de nuestra alma, de todo nuestro ser marcado por la tristeza y las desgracias. Sin embargo, el recuerdo de Dios y la fe en su protección amorosa son más fuertes que la tristeza: la esperanza renace sin cesar y florece en un canto de acción de gracias que encuentra su lugar en el Templo y en la acción litúrgica.

«Como ansía la cierva las corrientes de agua, así te ansía mi alma, Dios mío» (v. 2). ¿No refleja este versículo la melancolía que experimentamos al comienzo de nuestra oración? Por un lado, la sed extrema y el ardiente deseo del Señor; por otro, el torrente seco y el silencio de Dios. A veces, esa melancolía nos impide rezar. *¿Para qué?*, pensamos. Rezo y no sirve de nada: sigo teniendo las mismas preguntas y las mismas preocupaciones; el silencio de Dios se me hace insoportable. Los efectos que más sufrimos son el desgaste y el cansancio. El fervor del principio desaparece; la sensibilidad se embota. Antes teníamos ganas de rezar, ahora esas ganas han desaparecido. Cualquier excusa es buena para no hacerlo. Todas esas señales deben hacernos cambiar de manera radical. Nuestra voluntad debe buscar a Dios, y eso implica un ejercicio activo de la fe. De esa manera nuestra perseverancia nos lleva a avanzar sin darnos cuenta. Debemos rezar sin cesar: la Palabra de Jesucristo nos da ánimos.

Buscar a Dios implica encontrarse cara a cara con Él: esa es nuestra meta. Pero tengo que presentarme ante Dios tal y como soy en realidad, con mis limitaciones y mis defectos, es decir, queriéndome tal y como soy. Bernanos decía que la mayor gracia consiste en «amarse humildemente a sí mismo como a cualquiera de los miembros sufrientes del cuerpo de Jesucristo».

La oración puede consistir simplemente en dirigirse hacia la luz: uno se acerca al Señor por medio de la fe, diciéndole: «Aquí me tienes, Señor». Uno se presenta ante el rostro de Dios tomando consigo su propia vida. Presentamos nuestra vida ante la mirada de Dios, ofreciendo sencillamente nuestras manos abiertas, nuestro rostro y nuestro cuerpo grabados por el duro cincel de la existencia. Al final de la vida, nuestra oración será una ofrenda muda de todo nuestro ser.

La oración nos conduce hacia Dios en la experiencia y el deseo. Nos conduce hacia todo aquello que sucederá. En nuestra infancia pedimos a Dios deseos que muchas veces son irrealizables. Pero con el tiempo, la oración ya no consiste en pedir tal o cual cosa, sino en recibir de su mano esta vida. Al deciros esto no estoy censurando la oración de petición. Pero frente al desánimo, debemos descubrir que la oración es una acogida de Aquel que viene, es decir, de Jesucristo y su Reino.

Todo esto se cumple a lo largo de toda nuestra vida. Es cierto que, con el tiempo, la oración puede volverse más difusa: ya no se sabe muy bien dónde empieza y dónde acaba, pues toda nuestra vida se desarrolla bajo la mirada de Dios. O a lo mejor experimenta largos silencios, en los que nos concentramos en algunas frases. O en una sola palabra, como hacen los monjes de Oriente. Nuestra oración cambia, y eso indica que el Espíritu quiere conducirnos más lejos.

Volvamos al salmo: «Mi alma está sedienta de Dios, del Dios vivo. ¿Cuándo podré ir a ver el rostro de Dios?» (v. 3). Este versículo refleja el exilio del salmista, que se encuentra lejos del Templo. Pero también nuestro propio exilio, pues aún nos hallamos muy lejos del Reino. Sin embargo, en el caso del hombre, el exilio no acaba en esta vida. La distancia con respecto a Dios no se abole nunca, de ahí ese aparente silencio.

Lejos de Dios nos secamos, separados de Dios corremos el riesgo de morir de sed. Es entonces cuando escuchamos las palabras de Jesucristo: «Si alguno tiene sed, venga a mí; y beba»[6]. De modo que no dudemos, no nos dejemos llevar por el desánimo y retomemos el camino que nos lleva a la fuente de la felicidad. Aunque ese camino parezca oculto.

«Mis lágrimas son mi pan día y noche; todo el día me repiten: "¿Dónde está tu Dios?"» (v. 4). Parece que Dios se esconde, que no quiere respondernos. ¡Por eso derramamos lágrimas amargas! Al igual que el salmista, nos encontramos en un mundo pagano: «¿Dónde está tu Dios?». También nosotros somos objeto de burla, también nosotros sufrimos el silencio de Dios. Esas burlas constituyen una injuria hacia Dios, que parece incapaz de salvar el mundo. También Jesús fue objeto de burla en la cruz: «¿No eres tú el Cristo? Sálvate a ti mismo»[7].

Estamos lejos de Dios, pero seguimos buscándole, escrutando la luz divina que se eleva en el fondo de las tinieblas. Como señala san Agustín: «Incluso en el bautismo los fieles no sienten saciado este deseo; pero quizá si caen en la cuenta de por dónde están peregrinando, y hacia dónde han de llegar, se inflamarán todavía

---

[6] *Jn* 7, 38.
[7] *Lc* 23, 39.

con más ardor»[8]. ¡Menos mal que tenemos esa pequeña esperanza que parece insignificante, pero que a pesar de todo nos ayuda a avanzar!

En medio del desierto, las lágrimas son una bendición, porque riegan el corazón. Judas no pudo o no supo llorar. Al contrario que Pedro, que lloró después de negar al Señor. El pan de las lágrimas alimenta la ternura del alma y evita que esta se endurezca. Nuestra tristeza se alimenta del recuerdo: «Recordando estas cosas me lleno de nostalgia: ¡cómo marchaba en el cortejo y desfilaba hacia la Casa de Dios...!» (v. 5).

En la vida espiritual, el recuerdo es fundamental. A veces, el presente nos supera y perdemos la esperanza. Sin embargo, las maravillas de Dios en el pasado ponen las cosas en su sitio: un torrente de alegría brota en el fondo del alma y hace surgir las lágrimas. Es entonces cuando el silencio de Dios empieza a transformarse en Palabra.

Al comienzo de nuestra vida de oración conseguimos traspasar los límites, nos sentimos en presencia de Dios. Pero después viene el silencio. No busquemos el motivo de ese cambio en la oración: hay que descubrir que nuestras oraciones aparentemente estériles son muy provechosas. Nuestra fe será más pura y más fuerte después de esa travesía en el desierto en donde

---

[8] Agustín de Hipona, *Comentario a los salmos*, 41, 1.

nada crece, en donde no encontramos ni escuchamos a nadie. No olvidemos que en las oraciones más desesperadas, nuestro deseo de encontrar a Jesucristo se intensifica. Así es: su gracia nos será concedida con mayor abundancia cuanto más vacíos y sedientos estemos. Y esa sed tiene un nombre: la esperanza.

Tampoco debemos orar por las gracias recibidas, sino por el amor y la gloria de Dios: «¿Por qué te abates, alma mía, por qué te me turbas? Espera en Dios, que aún podré alabarlo, salvación de mi rostro y Dios mío» (v. 6).

Nos hallamos ante el abatimiento y la turbación de los que nos habla san Pablo en la Carta a los Romanos: «Nosotros, que poseemos ya los primeros frutos del Espíritu, también gemimos en nuestro interior aguardando la adopción de hijos, la redención de nuestro cuerpo»[9]. Nuestro Dios va a crearnos de nuevo, va a fortificar nuestro ser interior. Por eso exclama el salmista: «Aún podré alabarlo, salvación de mi rostro y Dios mío».

La acción de gracias reaparece a pesar de la desolación. Cada movimiento de la lamentación termina con un arrebato de esperanza. El salmista se arma de valor. Nos habla de la tentación de la tristeza y de la manera de evitarla: salir de uno mismo y de la complacencia en el

---

[9] *Rm* 8, 23.

dolor; buscar a Dios, único motivo de esperanza: «Mi alma, dentro de mí, desfallece, por eso te recuerdo». Debemos aprender a renunciar a la presencia sensible de Dios para acceder a una intimidad más perfecta con Él. Debemos aceptar la noche para acceder a la luz verdadera.

El salmista experimenta esa noche, esa travesía en el desierto que conocieron los místicos. Sus sufrimientos poseen una dimensión inefable: «Un abismo llama a otro abismo al estruendo de tus cascadas: tus ondas y tu oleaje me han anegado» (v. 8). Pero a pesar de las dificultades y en medio de ellas, el contacto con el Señor es constante. No somos nosotros los que buscamos a Dios, es Él quien viene a socorrernos. En eso consiste el movimiento de la oración: la oración es palabra dirigida a Dios pero, ante todo, es la obra de Dios que actúa con nosotros y en nosotros. Toda sensación de alejamiento espiritual se olvida. De día, el salmista experimenta el amor del Señor, y de noche le canta.

«De día, el Señor mandaba su misericordia, de noche me acompañaba su canto, la oración al Dios de mi vida» (v. 9). Dios es nuestra vida, por eso nos manda su misericordia; nuestra alma descubre que es amada y retoma su acción de gracias inspirada en el Espíritu. De día, tenemos la sensación de que Dios guía nuestras ocupaciones, y en la tranquilidad de la noche descubrimos su solicitud. Pero Dios también juega al escondite con nosotros. Recordemos las palabras que Pascal atribuía a Jesucristo: «Consuélate, tú no me buscarías si no te hubieras encontrado conmigo»[10].

Las dificultades vuelven a abatirse sobre nosotros, con sus dudas y los tormentos de la soledad. Una vez más, el remedio está en la esperanza y el canto. «A Dios diré: "Roca mía, ¿por qué me has olvidado, por qué he de andar abatido por la opresión del enemigo?"» (v. 10). La oración se vuelve más insistente; el exilado precisa el motivo de su angustia espiritual: está rodeado de enemigos que son a su vez los enemigos de Dios.

¿Por qué me has olvidado? Es cierto que a veces el silencio de Dios nos resulta difícil de soportar. ¿Pero qué hacer para que ese silencio sea presencia y Palabra? Bajo mi punto de vista, estamos demasiado pendientes de nuestras desgracias. No se trata de ignorarlas, sino de dirigirnos a Dios y presentarnos ante Él tal y como somos. Perdemos el tiempo lamentándonos y analizándonos, en vez de ensanchar el corazón contemplando a nuestro Dios.

La costumbre de guiarnos por los sentidos nos engaña: al final creemos solo en lo que ve-

---

[10] B. Pascal, *Pensamientos*, 553.

mos o sentimos. No tengamos miedo de las oraciones áridas. ¡Nuestro Padre las ama! Solo en la eternidad conoceremos el valor de esas oraciones dispersas y estériles. Nuestras horas difíciles son las horas de Dios: «¿Por qué me has olvidado?». Dios deja que nos debatamos en las tinieblas para mostrarnos lo que somos. Pero enseguida las reemplaza por la claridad y la fortaleza, para recordarnos que está ahí y nos ama.

Al alma le basta con guardar silencio para encontrar ese silencio completamente orientado hacia Dios. El alma debe callar ante Dios en una actitud de completo silencio: un silencio que sea una declaración de su propia impotencia, de su dependencia, un silencio que equivalga a una actitud de humildad. Se trata de un silencio lleno de deseo de Dios: es a Dios a quien el alma busca en el silencio. Por eso ese silencio –el de Dios y el nuestro– es una oración, es la espera de un don. Es el silencio del alma en el que esta se encuentra escondida, aquello que se le escapa cuando se pone a buscarlo.

De esa manera descubrimos que la oración no es solo una actividad pasajera, sino la expresión de una disposición habitual profundamente inscrita en el alma. Es ese silencio interior en que el alma se recrea –aunque en él no parezca encontrar nada– porque algo, aunque sea oculto, le lleva a sospechar una presencia.

Como el salmista, podemos terminar con los siguientes versículos: «¿Por qué te abates, alma mía, por qué te me turbas? Espera en Dios, que aún podré alabarlo, salvación de mi rostro y Dios mío».

El siguiente salmo, el 43, guarda una estrecha relación con el que acabamos de analizar.

1 Hazme justicia, Dios mío, y defiende mi causa de gente sin piedad; líbrame del hombre falso y perverso.

2 Tú eres el Dios de mi refugio. ¿Por qué me rechazas? ¿Por qué he de andar entristecido, por la opresión del enemigo?

3 Envía tu luz y tu verdad; que ellas me guíen y me conduzcan a tu monte santo, a tus moradas.

4 Y me acercaré al altar de Dios, al Dios de mi alegría y de mi gozo, y te alabaré con la cítara, ¡oh Dios, Dios mío!

5 ¿Por qué te abates, alma mía, por qué te me turbas? Espera en Dios, que aún podré alabarlo, salvación de mi rostro y Dios mío.

«Hazme justicia, Dios mío, y defiende mi causa de gente sin piedad; líbrame del hombre falso y perverso». El salmista retoma el camino de regreso al templo y dirige este cántico a Dios, que es su guía. En él ya no hay desolación, sino confianza: hazme justicia, líbrame. Nos confiamos a Dios: solo Él puede librarnos de esa gente sin piedad que nos ridiculiza y blasfema sin cesar.

Nuestra oración oscila entre la confianza y las dudas, las inquietudes y las angustias. «¿Por qué me rechazas?». Nuestra oración es lucha, combate, búsqueda, protesta, petición, justicia. Dios no puede hacer oídos sordos a esa oración; al contrario: nos da mucho más de lo que hemos pedido. Envía la luz y la verdad que nos guían en el camino de regreso. Lo sabemos muy bien: no es fácil abrir el corazón a Dios; para ello debemos encontrarnos en la verdad. Quizá por eso nos da miedo la oración. Sin embargo, Dios nos ama tal y como somos. Con esa confianza «me acercaré al altar de Dios, al Dios de mi alegría y de mi gozo» (v. 4). Recuperamos la alegría porque tenemos la certeza de haber sido satisfechos. Así la oración, que empieza con un lamento, termina con una acción de gracias. Ya no hay más que gozo. El salmista solo piensa en el día en que, de nuevo en Jerusalén, se acercará al altar de Dios para alabarlo en señal de reconocimiento.

Dios está presente en nuestro corazón en la luz que derrama, en la fidelidad de su apoyo. Nuestra liturgia nos alimenta y tranquiliza nuestra subjetividad, puesto que canaliza en la inmensa oración del pueblo de Dios todo aquello que puede experimentar el alma sensible cuando se pone en camino hacia el Señor. De ahí los versículos finales del salmo: «¿Por qué te abates, alma mía, por qué te me turbas? Espera en Dios, que aún podré alabarlo, salvación de mi rostro y Dios mío».

No nos dejemos llevar por la tristeza, fruto de la tentación. Dios es nuestro salvador. Por eso toda oración concluye en la confianza y el abandono, como esta del hermano Carlos de Foucauld:

«Pongo mi vida en tus manos. Te la doy, Dios mío, con todo el amor de mi corazón, porque te amo, y porque para mí amarte es darme, entregarme en tus manos sin medida, con infinita confianza, porque tú eres mi Padre».

Estos tres salmos pueden ayudarnos en nuestro día a día. Pero debemos ir más allá. Hemos evocado el silencio de Dios; ahora debemos reflexionar sobre nuestro propio silencio. Nuestro silencio puede ayudarnos a comprender el silencio de Dios.

El silencio no es tan sencillo en nuestro caso: hablamos y nos cuesta dejar hablar a los demás. Nos ocurre constantemente en la oración, en la que a Dios le cuesta «meter baza». Por eso en esta segunda parte me gustaría ayudaros a encontrar ese silencio, única condición para que Dios sirva de respuesta a lo que vivimos, sobre todo en estos momentos tan difíciles.

Segunda parte:
LA ORACIÓN

DIOS NOS HABLA EN LA ORACIÓN

En efecto, hay otro lugar donde Dios nos habla, y es en la oración. Espero que estas páginas sobre la oración os ayuden a descubrir cómo el silencio de Dios puede convertirse en Palabra. Cuando hablamos de oración, hablamos sin duda de la fuente original, pues evocamos nuestra relación íntima con Dios. Pero si lo pensamos bien, no es tan fácil penetrar en un misterio como este, que concierne a nuestra vida interior. Empecemos por el combate espiritual.

La mayoría de los cristianos reconocen que rezan, aunque no lo hagan de rodillas. Su forma de rezar se asemeja a la idea de oración de santa Teresa de Lisieux:

> Para mí, la oración es un impulso del corazón, una simple mirada dirigida al cielo, un grito de agradecimiento y de amor, tanto en medio del sufrimiento como en medio de la alegría[1].

---

[1] TERESA DEL NIÑO JESÚS, *Manuscrito* C, 25, 2.

Estoy seguro de que durante la pandemia del covid-19 Dios escuchó gritos, lamentos y palabras desesperadas. Puede que también escuchara palabras de agradecimiento por las curaciones y el regreso a casa de los seres queridos. Sin embargo, la mayoría de los cristianos reconocen que apenas tienen tiempo para rezar de manera prolongada. ¿Y por qué?

Vivimos en un mundo donde solo cuenta la eficacia, el rendimiento. Eso nos lleva a preguntarnos si tenemos derecho a perder tiempo para dedicárselo a Dios. Pensamos que para eso están los monasterios, para rezar por nosotros. El prior de la abadía de Sept-Fons me contaba un día esta simpática anécdota: «Los fieles laicos que no tenían tiempo para rezar les dijeron a los sacerdotes: "Vosotros tenéis tiempo, rezad por nosotros"». Como si fuera una pelota de fútbol, pasaron la tarea a los sacerdotes que, rápidamente, se la encomendaron a los monjes, esos especialistas de la oración que no tienen otra cosa que hacer. Pero también los monjes tenían mucho trabajo, así que estos pasaron la pelota de nuevo a los sacerdotes, que con mucha puntería la lanzaron al cielo, al Señor... Una pelota que, por desgracia, a esas alturas ya estaba bastante desinflada. Rehuimos rezar, porque no queremos aceptar nuestras propias responsabilidades respecto a la oración. ¿Pero acaso la función sacerdotal de todo bautizado no es presentar las intenciones del mundo a Dios?

Nos consagramos al activismo, nos imponemos urgencias, es decir, nos las creamos, y dejamos a Dios para más tarde, es decir, para mañana. Puede que la experiencia del confinamiento nos haya devuelto el gusto por la oración. Efectivamente, tenemos derecho a dejar a un lado los móviles y los portátiles para «gustar y ver qué bueno es el Señor».

«Dichoso el hombre que se refugia en Él»[2]. No para huir del mundo, sino para encontrar un lugar apartado y vivir un poco más en presencia de Dios. Ese refugio puede ser nuestra habitación, un rincón para rezar en medio de la naturaleza, delante de una imagen, de un crucifijo... ¡qué sé yo! Pero ese lugar apartado es también, y ante todo, nuestra celda interior, nuestro corazón. Todos los santos han hablado del lugar irremplazable que ocupa en su vida la oración personal y prolongada. Esto dice santa Teresa de Jesús sobre la oración: «Todos los bienes me vienen de ella».

Es verdad que la oración puede ayudarme a recargar las baterías espirituales, pero ante todo es un tiempo de gratuidad: es desinteresado, gratuito. Es un encuentro amoroso, y para eso hace

---

[2] *Sal* 34, 9.

falta tiempo. La oración es la respuesta a la invitación de Jesucristo: «Permaneced en mi amor»[3].

Vivimos en el mundo del tener, pero el confinamiento nos permitió recuperar el mundo del ser. Si lográramos descubrir que el valor de la vida procede de la calidad del amor que transmitimos con nuestras obras... No nos fijemos en la cantidad, sino en la calidad de la presencia.

¡Cuántas veces he oído decir: «No tengo tiempo»! Pero siempre conseguimos encontrar tiempo para lo que queremos. ¿Dedicamos tiempo a Dios durante los meses del confinamiento? También los discípulos conocieron el confinamiento en el Cenáculo hasta Pentecostés: ¡cincuenta días! Es cierto que María estaba con ellos hablándoles de su Hijo e invitándoles a rezar.

¡Cuánto tiempo perdemos a lo largo del día! ¿Y si dedicáramos ese tiempo a Dios? Podría enumerar muchas excusas que nos impiden rezar de forma prolongada: «Es que no tengo un temperamento contemplativo». Sin embargo, gracias al Bautismo, todos somos místicos. Rezar es una facultad natural de los hijos de Dios. Hasta las personas hiperactivas pueden rezar. Se dice que el Cura de Ars se mostraba muy inquieto en la oración.

---

[3] *Jn* 15, 9.

Otra excusa: «Lo he intentado, pero es muy difícil». Eso es porque la oración, al igual que el amor verdadero, cuesta. ¿Pero qué es lo que nos resulta tan difícil? ¿La impresión de perder el tiempo? ¿La ineficacia? ¿El silencio? Sin embargo, no se trata tanto de que la oración salga bien como de dejarse invadir por la presencia de Jesucristo. Además, ¿quién puede decir que su oración «ha salido bien»? Como mucho, la persona puede contemplar sus frutos, como la paz y la alegría interior. Ahondaremos en este tema más adelante cuando analicemos la obra de santa Isabel de la Trinidad.

Otra excusa que solemos decir: «¡Mañana empiezo!». Los eternos aplazamientos, como hacemos con las dietas. Este problema atañe a nuestra voluntad, que está herida. ¿Cómo es posible que, cuando quiero levantar los brazos, lo haga de manera casi automática, y cuando quiero rezar, no lo consiga? Sencillamente porque en realidad no quiero hacerlo. El pecado me impide tomar una decisión espiritual. El pecado nos hace esclavos y paraliza nuestra libertad interior.

Otra excusa: «¿Para qué rezar, si en la oración solo me encuentro conmigo mismo?». Sin embargo, la verdadera oración supone un encuentro con el Otro, con Aquel que habita en nuestro corazón. A veces tenemos un yo invasivo que silencia a un Yo más profundo que yo mismo, un Yo que es el Señor en persona.

Y la última excusa: «¡No consigo vaciar la mente!». ¡Qué gran error! No se trata de vaciar la mente, sino de llenarla. Llenarla de la Palabra de Dios. Como hemos dicho en los capítulos anteriores, hay que llenarla del amor de Dios, de su presencia. Cuidado: como señala Jeremías, hay que llenarse de la fuente de agua viva, no excavar aljibes agrietados que no retienen el agua. Haciendo eso solo conseguimos caer en la depresión espiritual.

Debemos ponernos a la escucha del Verbo. Algunas personas me dicen que no oyen nada. Nos encontramos una vez más con la cuestión del silencio de Dios. No oímos voces, y eso es bueno. ¡No somos Juana de Arco! Y sin embargo, Dios nos habla... Lo veremos más adelante. Sí, debemos nutrir nuestras oraciones de la Palabra de Dios.

Después de haber repasado las excusas que nos impiden rezar, examinemos ahora nuestros miedos, a veces inconscientes. Para empezar, con la oración nuestras ideas de Dios se desvanecen. Así es. Si realmente creemos que Dios está presente en ese encuentro, eso supone un cara a cara con Él. Nos encontramos con nuestro Creador, con el Todopoderoso, con el Tres Veces Santo. Una cosa es hacerse ideas de Dios, lo cual es muy fácil, y otra muy distinta es encontrarse con Él. Nos da miedo estar con Dios. ¿De dónde procede ese miedo? ¿De nuestra educación, de que Dios pueda ver nuestras miserias, como si fuera un vidente, de nuestra falta de fe? Y sin embargo, estamos llamados a ese cara a cara con Dios. ¡Eso nos permitirá verle tal y como es!

Se da una paradoja: queremos que Dios nos hable, pero solo queremos que nos diga lo que sea de nuestro agrado. Sin embargo, no se puede negociar con Dios. Dios es Dios y nosotros no somos más que sus pobres criaturas.

El segundo miedo es el conocimiento de uno mismo. La mayor hazaña de san Agustín fue encontrar el camino para llegar a Dios, y eso requiere entrar en intimidad con uno mismo. Ese camino será el punto de partida de la espiritualidad carmelita. ¡Vuelve a tu corazón! Efectivamente, para alcanzar la verdad de nuestro ser, debemos entrar en intimidad con nosotros mismos. Pero conocerse no es fácil. Tenemos que empezar por descubrir nuestros límites y aceptarlos. Y sin embargo, para hacerse adultos en la fe tenemos que hacer ese esfuerzo. No es fácil conocernos, no es fácil amarnos tal y como somos.

El siguiente miedo tiene que ver con el primero, y es el lugar que ocupa mi interlocutor. Si creo que Dios está presente, ante Él solo puedo encontrarme en adoración. No estoy ante un conocido, sino ante Dios. Eso implica que en la oración dependo de Dios y acepto un juicio sobre mí y, por tanto, la muerte de mí mismo. Pero

Dios no está ahí para juzgarnos. Dios viene a mendigar nuestro pobre amor, como le gusta recordar a santa Teresita.

Dios espera el don de nosotros mismos, especialmente el de nuestra libertad. Él nos respeta hasta ese punto. Si no le doy mi libertad, Dios no hará nada, permanecerá en silencio. Aquí estoy, Señor, para hacer tu voluntad. O como dice san Carlos de Foucauld: «Padre, me pongo en tus manos, haz de mí lo que quieras». ¿Estamos dispuestos a decir eso?

El último miedo es aquel que da título a este libro, el silencio. Nos cuesta admitir que rezar, por encima de todo, no es hablar, sino entrar en el silencio de Dios. Menudo cambio: ¡callarse para dejar hablar a Dios! Callarse es una condición indispensable para el silencio, pero no es el silencio. Rezar es aceptar cada vez más penetrar en el silencio de Dios para demostrarle nuestra confianza. Dios habla por medio del silencio, pero nos cuesta admitir que pueda hablar de otra manera que no sea mediante palabras, gestos y acciones visibles. Ese silencio divino es una revelación misteriosa; para entenderla debemos comprender su presencia y su amor. El silencio de Dios es algo inalcanzable e inaccesible y, sin embargo, el que reza puede llegar a él. Después de ver las excusas para la oración y los miedos, vamos a analizar los obstáculos.

Empecemos con el principal obstáculo: las distracciones. Todos somos víctimas de ellas. El padre Albert Besnard, en su libro *Observaciones intempestivas sobre la oración*, señala:

Lo primero que tienes que hacer es dejar reposar tu alma, igual que el químico dejar reposar una solución turbia. De esa manera tu corazón podrá recuperar lo único que el Señor considera necesario: tu inteligencia, la verdad y tu espíritu, el Espíritu de Dios[4].

El Catecismo de la Iglesia Católica también habla de nuestras distracciones: «Dedicarse a perseguir las distracciones es caer en sus redes; basta con volver a nuestro corazón»[5]. En efecto, perseguir una distracción equivale a alimentarla. Lo que tenemos que hacer es volver a nuestro corazón.

El segundo obstáculo consiste en esperar que Dios me conceda lo que he pedido: «Dios mío, ¿para qué rezo si no consigo nada?». Es cierto que el Señor nos dice: «Pedid y se os dará». Dios sabe lo que necesitamos para nuestro desarrollo espiritual, pero nos concede la libertad de expresar nuestras necesidades. Si Dios considera que lo que pedimos es necesario, nos lo concederá: no olvidemos que, cuando el Señor tarda en res-

---

[4] A. BESNARD, *Propos intempestifs sur la prière*, Cerf, París 2008.
[5] *CCE*, n. 2729.

ponder, no es por el placer de hacernos esperar, sino para madurar nuestro deseo y prepararnos para acoger el don. Dios siempre responde a nuestras súplicas, pero no siempre como nosotros queremos. Hay que abrir bien los ojos para ver lo que el Señor nos ha concedido, y no estar pendiente de lo que concede a los demás: ¡eso son celos espirituales! Es verdad que no me ha concedido las gracias de santa Teresa de Jesús, pero debo alegrarme de que esas gracias pertenezcan ahora a la Iglesia. Si estamos atentos, descubriremos, tal vez semanas después, que Dios nos ha dado mucho más de lo que hemos pedido. A mí mismo me ha pasado muchas veces.

El tercer obstáculo puede resumirse en la siguiente frase: «Dios mío, yo rezo, pero no siento nada». Sin embargo, rezar no consiste en tener éxtasis y visiones. Santa Teresita nunca experimentó un éxtasis, ni era la más devota del Carmelo, ni buscó nunca fenómenos extraordinarios. Simplemente creía que Dios estaba ahí y le demostraba su confianza abandonándose en Él. Algunos creen que rezan muy bien porque sienten escalofríos. ¿Será que tienen fiebre? Pues no, la oración no provoca escalofríos, sino paz y alegría, algo que es fundamental en los momentos de crisis.

Finalmente, el último obstáculo es la disyuntiva entre acción y contemplación: «Marta,

Marta, tú te preocupas y te inquietas por muchas cosas. Pero una sola cosa es necesaria: María ha escogido la mejor parte, que no le será arrebatada»[6]. No se trata de pasarse todo el día de rodillas, sino de encontrar un justo equilibrio. ¿Acaso nuestra vocación no es vivir en presencia de Dios? Pues para eso tenemos que hacer un acto de fe, la fe que actúa por medio del amor[7].

---

[6] Cfr. *Lc* 10, 38-42.
[7] Cfr. *Ga* 5, 6.

LA ENTRADA EN
LA PRESENCIA DE DIOS

Para descubrir que el silencio de Dios es Palabra, debemos entrar en su presencia. Eso implica una serie de condiciones. La primera atañe al lugar: no os descubro nada nuevo si os digo que ese lugar debe ser tranquilo y silencioso. Es verdad que podemos rezar en el metro por las personas que nos rodean, pero para la oración necesitamos un espacio que favorezca el recogimiento.

¿Debemos rezar en la iglesia? Por supuesto, porque es la casa de Dios: Jesucristo está presente en el sagrario. Pero también podemos rezar en un lugar apartado de la casa, como nos recomienda el propio Jesús[1]. Tal vez nos venga bien tener un rincón reservado para el rezo: por ejemplo, delante de una cruz, de una imagen bonita, de la estatua de la Virgen, de una vela, de una biblia abierta... Debe ser un lugar sencillo, pero bonito. Es el lugar de la presencia. San Juan de la Cruz recomendaba a sus novicios re-

---

[1] *Mt* 6, 6.

zar delante de un bello paisaje. Los peregrinos de Tierra Santa saben hasta qué punto esos paisajes donde Cristo vivió contribuyen a la contemplación: el desierto, la montaña, el monte Tabor, el lago y tantos otros. Pero el lugar privilegiado para rezar es el corazón, nuestra celda interior. Aunque para eso hay que estar dispuesto a instalarse en él.

¿Cuál es el mejor momento para encontrarse con Dios? Por supuesto hay que estar despierto, de lo contrario, nuestra oración será como la de san Pedro en el monte de los Olivos. No hay un horario establecido, sin embargo yo os aconsejo rezar siempre a la misma hora, aquella en la que estéis más disponibles. Se trata de una cita diaria, así que no nos retrasemos. Porque si aplazamos el encuentro, este no tendrá lugar. ¡Todos tenemos demasiadas ocupaciones, hasta los jubilados! Algunos se sienten llamados a rezar en mitad de la noche. En ese caso, no dudéis en responder a esa llamada. Siempre es una bendición rezar en el silencio de la noche.

Rezamos con el cuerpo. Nuestras actitudes corporales expresan nuestra oración. A san Juan María Vianney le gustaba juntar las manos para manifestar sus súplicas. Algunas personas se ponen de rodillas, otras sentadas, otras acostadas... De lo que estoy seguro es de que hay que estar cómodo para no tener calambres, ni demasiado frío, ni demasiado calor... También podemos rezar con los pies: el paseo puede favorecer la oración. Todo nuestro cuerpo entra en intimidad con Dios.

El encuentro con el Señor hay que prepararlo. Por eso, nuestra jornada debe estar marcada por la presencia de Dios: entre dos actividades, un momento de silencio; la bendición antes de comer, el ángelus... De esa manera, nuestro corazón late al ritmo de esos pequeños guiños al Señor. En cuanto a la preparación, justo antes de rezar conviene tomarse un pequeño respiro, sobre todo si hemos estado realizando actividades estresantes. Al deciros esto, no os estoy invitando a dejar la mente en blanco: debemos acudir al Señor con todas nuestras preocupaciones. Ya lo comenté en el capítulo anterior: la finalidad de la oración no es vaciar la mente, ni olvidar las preocupaciones cotidianas. Rezo para encontrarme con Jesucristo, para dialogar con él a partir de mis vivencias. Como señala santa Teresa de Jesús, «no es otra cosa oración mental, sino tratar de amistad, estando muchas veces tratando a solas con quien sabemos nos ama»[2]. O san Ignacio: «Es como cuando un Amigo habla a otro amigo y este calla para escucharle». Sin olvidar la respuesta del campesino de Ars a su sacerdote: «Él me mira y yo le miro».

---

[2] Teresa de Jesús, *Vida*, 8.

El Catecismo de la Iglesia Católica nos da algunos consejos sobre el momento y la duración de la oración: «No se hace contemplación cuando se tiene tiempo»[3]. Porque de ser así nunca rezaríamos. ¿Y cuánto tiempo? ¿Veinte minutos? Si nunca habéis rezado, ¡no empecéis dedicándole dos horas!

La oración «es la entrega humilde y pobre a la voluntad amorosa del Padre, en unión cada vez más profunda con su Hijo amado»[4]. Esta unión entre el Hijo y cada uno de nosotros implica un tiempo bastante prolongado, puesto que exige una entrada en la presencia de Dios que no se hace en dos minutos, como acabamos de ver. El *Catecismo* nos ofrece esta hermosa definición de oración:

> La oración contemplativa es la expresión sencilla del misterio de la oración. Es una mirada de fe, fijada en Jesús, una escucha de la Palabra de Dios, un silencioso amor. Realiza la unión con la oración de Cristo en la medida en que nos hace participar de su misterio[5].

Es hora de trazar un camino. Os propongo seguir las enseñanzas de santa Teresa de Jesús en su obra fundamental, *Camino de perfección*. Ese ca-

---

[3] *CCE*, n. 2710.
[4] *Ibídem*, n. 2712.
[5] *Ibídem*, n. 2724.

mino es accesible para todos. Teresa lo llama oración de recogimiento: «Recoge el alma todas las potencias, y se entra dentro de sí con su Dios»[6].

Ese camino nos va a ayudar a descubrir hasta qué punto Dios nos habla en el silencio. ¡Pero ese recogimiento del que habla Teresa no cae del cielo! Hay que hacer un esfuerzo de la voluntad para conseguirlo. Exige apartarse de las cosas exteriores para dirigirse al centro del alma: es lo que llamamos entrar en la presencia de Dios. Ese recogimiento conduce al alma al templo más íntimo del Señor para entrar en contacto con Él, para ocuparse de Él. Eso sí, debemos tener cuidado con la inactividad perezosa en la oración, que no tiene nada de divino. ¿Y cómo alcanzar ese recogimiento?

Toda oración empieza con una señal de la cruz bien hecha, no demasiado rápida, pensando en lo que hacemos. Esa señal de la cruz nos sumerge en el misterio trinitario: encarnación y redención. De esa manera nuestra oración es cristiana.

Debemos hacer un acto de fe: Señor, creo que estás presente. Santa Teresa decía a sus hermanas que, si no se «advierte con quién habla y lo que pide y quién es quien pide y a quién, no la llamo yo oración». No basta con meditar acerca de Dios, hay que establecer una relación perso-

---

[6] Teresa de Jesús, *Camino de perfección*, c. 28, 2.

nal, un contacto directo, un cara a cara. Un padre carmelita me confesó que antes de entrar en su celda, llamaba a la puerta y preguntaba: «¿Estás ahí?». Solo después entraba. Se trata de una manera como cualquier otra de recordarse que el Señor nos espera y está presente.

El punto de partida es fundamental, de lo contrario nos quedamos en la teoría. Y si el Señor está presente, ¿no deberíamos empezar reconociéndonos pecadores, pobres criaturas? Lo más sorprendente de la oración es que nos encontramos en presencia de Dios. ¡Dios está presente, aunque no podamos verlo! Esa es la fuerza del acto de fe. Debemos empezar haciendo un breve examen de conciencia, pedir perdón recitando, por ejemplo, el «Yo confieso», o leyendo el salmo 51: «Ten misericordia de mí, Dios mío, según tu bondad; según tu inmensa compasión borra mi delito»[7]... O cualquier acto penitencial que nos inspire el Espíritu Santo. El *Catecismo* nos recuerda que:

> La petición de perdón es el primer movimiento de la oración de petición (cfr. el publicano: «Oh Dios, ten compasión de este pecador» *Lc* 18, 13). Es el comienzo de una oración justa y pura. La humildad confiada nos devuelve a la luz de la comunión con el

---

[7] Cfr. *Sal* 51, 3-4.

Padre y su Hijo Jesucristo, y de los unos con los otros (cfr. *1 Jn* 1, 7-2, 2): entonces «cuanto pidamos lo recibimos de Él» (*1 Jn* 3, 22). Tanto la celebración de la Eucaristía como la oración personal comienzan con la petición de perdón[8].

Este acto supone el reconocimiento de lo que soy: una criatura herida pero amada por Dios que lo debe todo a Él. «La oración del humilde traspasa las nubes»[9]. Una vez reconciliados, podemos invocar también al Espíritu Santo, pues Él es quien «acude en ayuda de nuestra flaqueza»[10] y quien reza por nosotros. Una vez más, podemos recurrir a una oración tradicional como el *Veni Creator*, o a la secuencia de Pentecostés: «Ven, Espíritu divino, manda tu luz desde el cielo. Padre amoroso del pobre, don, en tus dones espléndido, luz que penetra las almas». Pero también podemos pronunciar una oración espontánea al Espíritu Santo. Esta invocación al Espíritu muestra nuestra docilidad al Maestro interior. Orad «en todo tiempo movidos por el Espíritu»[11], nos recuerda san Pablo.

Debemos hacer un acto de ofrenda de nosotros mismos al Señor: es un tiempo que dedica-

---

[8] *CCE*, n. 2631.
[9] *Si* 35, 21.
[10] *Rm* 8, 26.
[11] *Ef* 6, 18.

mos a Dios, un tiempo de gratuidad y no de eficacia. «Os exhorto, por tanto, hermanos, por la misericordia de Dios, a que ofrezcáis vuestros cuerpos como ofrenda viva, santa, agradable a Dios: este es vuestro culto espiritual»[12]. ¿Pero qué podemos ofrecerle? En primer lugar, nuestra libertad, pues Dios no puede hacer nada sin ese don. Ofrecer la libertad equivale a abrir el corazón y dejar que en él obre Dios. Pero no es tan fácil. Muchas veces ofrecemos resistencia: ¿adónde pretende llevarnos Dios?

Podemos ayudarnos de la oración de los santos. Ya hemos mencionado la oración de san Carlos de Foucauld, pero también está el acto de abandono de santa Teresa de Lisieux, que sin duda conoceréis:

> A fin de vivir en un acto de perfecto amor, me ofrezco como víctima de holocausto a tu amor misericordioso, suplicándote que me consumas sin cesar, dejando que se desborden en mi alma los torrentes de ternura infinita que están encerrados en ti, para que así llegue yo a ser mártir de tu amor, ¡oh, Dios mío![13].

O el acto de ofrenda del Cura de Ars: «Te amo, oh, Dios mío. Mi único deseo es amarte

---

[12] *Rm* 12, 1.
[13] *Thérèse dans la prière*, n. 6, p. 962, en TERESA DEL NIÑO JESÚS, *Œuvres complètes*, Cerf, París 1992.

hasta el último suspiro de mi vida». Ofrezcá-mosle también nuestras alegrías, nuestras penas, nuestros amigos, nuestra familia... Todo perte-nece a Dios.

Después de estas etapas, «recoge el alma to-das las potencias, y se entra dentro de sí con su Dios». Se trata ahora de penetrar en el silencio de Dios. Ya no nos interrogamos sobre el porqué de ese silencio, sino que entramos en él para des-cubrir que ese silencio es Palabra. No lo voy a negar: esta etapa es difícil y a veces larga. Para alcanzar ese silencio, debemos renunciar a la ac-tividad de los sentidos externos:

> Retira los sentidos destas cosas exteriores, y dales de tal manera de mano, que sin enten-derse se les cierran los ojos por no las ver[14].

Por lo tanto, debemos encontrar las condicio-nes externas favorables para lograr ese silencio y esa soledad. Nuestra única preocupación debe ser la búsqueda de la presencia de Dios, estar a solas con Él. De esa manera, los ojos del alma se agudizan.

Para encontrar ese silencio, debemos descen-der al corazón. ¿Y cómo conseguirlo? Santa Te-resa de Jesús recomienda tener una imagen o un retrato de Nuestro Señor, «no para traerle en el seno, y nunca le mirar, sino para hablar muchas

---

[14] TERESA DE JESÚS, *Camino de perfección*, c. 28, 4.

veces con él»[15]. Debemos descender al corazón, sí, pero para permanecer en él. ¿Y cómo permanecer en él? Gracias a nuestras facultades. Así, gracias a la imaginación, podemos vivir una escena evangélica contemplando las actitudes y los gestos de Jesucristo. Debemos representarnos a Jesucristo en su humanidad, no imaginativa, sino de una fe viva que perciba la presencia de Jesucristo «como quien está ciego o a oscuras»[16], tan cerca que no hace falta levantar la voz[17] para hacerse entender. Esta representación puede transformarse en una especie de intuición gracias a la experiencia: «Entrarse en este paraíso con su Dios»[18].

A Teresa de Jesús le gustaba decir a sus hermanas: «No os pido más de que le miréis»[19]. Mirada del alma a Jesucristo que se convierte en mirada de Jesucristo al alma. Esa mirada mutua expresa la relación personal, plena de presencia recíproca. Es una actividad simple, de tipo intuitivo, enriquecida con la vivacidad de la fe. Es un deseo de unión con Dios, de su servicio, de su gloria, en una palabra: de «Él». «Mi alma está sedienta de Dios, del Dios vivo. ¿Cuándo podré ir

---

[15] *Ibídem*, c. 26, 1.
[16] Teresa de Jesús, *Vida*, c. 9, 6.
[17] Ídem, *Camino de perfección*, c. 29, 5.
[18] *Ibídem*, c. 29, 3.
[19] *Ibídem*, c. 26, 1.

a ver el rostro de Dios?»[20]. Es un deseo que concierne a la propia alma, a la salvación de las almas, a la realización del plan amoroso del Padre; mirada animada por el amor, como «dos personas [que] se quieren mucho y tienen buen entendimiento, aun sin señas parece que se entienden con solo mirarse»[21].

«Vuelve a tu corazón»: ese es el camino que hay que seguir. Descender al corazón exige un esfuerzo de la inteligencia: hay que desprenderse de todo lo que no sea Dios. Pero a menudo, a lo largo de ese descenso, las distracciones nos hacen subir de nuevo. ¿Y de dónde vienen las distracciones? Las distracciones son, por definición, lo contrario al recogimiento. Así es. El recogimiento es el fruto de nuestras facultades sobre una actividad sobrenatural; la distracción es una evasión de nuestras facultades hacia un objeto que anula el recogimiento.

¿Se trata de una distracción pasajera? En ese caso, volvamos a nuestro corazón. Sin embargo, muchas veces las distracciones nos invaden y caemos en un estado de tristeza, de aridez. Las distracciones pueden ser causa de sufrimiento, de desconsuelo e incluso de abandono de la oración. Pero no nos preocupemos: todos los santos han pasado por ello. La propia Teresa de Jesús

---

[20] *Sal* 42, 3.
[21] TERESA DE JESÚS, *Vida*, c. 27, 10.

nos confiesa: «Muchas veces, algunos años, tenía más cuenta con desear se acabase la hora [de la oración] (...), y escuchar cuándo daba el reloj». Las palabras de Teresa nos animan a continuar.

Conviene saber que las verdades sobrenaturales que queremos contemplar son oscuras: al ser limitada la penetración de la inteligencia, las luces que esta puede percibir enseguida se agotan. Es entonces cuando sobreviene el hastío. ¿Existe alguna manera de evitarlo? De nada sirve recurrir al voluntarismo. Tal vez podamos cambiar el momento o el lugar de la oración. Y ante todo, ser perseverantes.

Cuando estemos en el corazón, debemos permanecer en él. Si remontamos al nivel de la inteligencia, debemos volver a bajar de manera inmediata. En ocasiones, esta «gimnasia espiritual» hay que repetirla varias veces. Hasta que no me haya estabilizado en el corazón, no puedo decir que me encuentro por completo en presencia de Dios. Esta entrada en la presencia de Dios no se consigue de un día para otro. Hay que ejercitarse. A veces, sobre todo al principio, nuestra oración consiste únicamente en intentar entrar en la presencia de Dios, ¡y eso es más que suficiente!

Más adelante dedicaremos un capítulo a santa Isabel de la Trinidad, pero para ilustrar lo que acabamos de decir, vamos a escucharla:

Permaneced en mí no solo unos instantes, algunas horas pasajeras, sino permaneced de un modo permanente, habitual. Permaneced en mí, orad en mí, adorad en mí, amad en mí, sufrid en mí, trabajad, obrad en mí. Permaneced en mí para presentaros a cualquier persona, a cualquier cosa, penetrad siempre cada vez más en esta profundidad. Es esta verdaderamente la soledad adonde Dios quiere atraer al alma para hablarle, como cantaba el profeta[22].

Como podéis ver, esa entrada en la presencia de Dios lleva tiempo, pero es la condición indispensable para penetrar en el silencio de Dios y en nuestro silencio. ¿Y cómo puede convertirse el silencio de Dios en Palabra? Esa es la siguiente etapa de la oración, el encuentro de corazón a corazón. Cuando nos encontremos en el corazón, debemos permanecer en él. ¿Y qué señales nos indican que permanecemos en él? Normalmente nos encontramos en calma, en paz, en una plenitud de silencio; ya no escuchamos los sonidos que nos rodean.

Nuestra primera reacción es dirigirnos a Jesucristo, pero es preferible cederle la Palabra y escucharle. El *Catecismo* nos recuerda que la oración:

---

[22] ISABEL DE LA TRINIDAD, *El cielo en la fe*, 3.

Es silencio (...) o «amor [...] silencioso» (...). Las palabras en la oración contemplativa no son discursos, sino ramillas que alimentan el fuego del amor. En este silencio, insoportable para el hombre «exterior», el Padre nos da a conocer a su Verbo encarnado, sufriente, muerto y resucitado, y el Espíritu filial nos hace partícipes de la oración de Jesús[23].

¿Por qué este silencio puede resultar insoportable? Porque el hombre vive demasiado en la superficie de sí mismo. El periodo de confinamiento que vivimos nos permitió recuperar el silencio. El silencio nos vuelve disponibles para la presencia divina; es un misterio de presencia. Dios no se comunica con nosotros con palabras terrenales. Es muy raro escuchar su voz. La escuchamos por pura fe. Además, cuanto más le escuchamos, más deseamos callarnos para dejarle hablar. Es lo que dice Isaac de Nínive, un místico oriental:

Dios ha conducido a su siervo a la soledad para hablarle al corazón; pero solo el que escucha en silencio percibe el susurro de la suave brisa que manifiesta al Señor. Aunque al principio nos resulte duro callar, gradualmente, si somos fieles, nuestro mismo silencio

---

[23] *CCE*, n. 2717.

irá creando en nosotros una atracción hacia un silencio cada vez mayor.

Ese silencio interior nos permitirá entrar en lo que los Padres llaman el lugar de la oración espiritual o de la oración pura, allí donde habita Jesucristo. Como decía Augustin Guillerand en sus escritos espirituales:

> Ese lugar de la oración es el alma y Dios que la habita. En ese santuario reservado, nuevo cielo y reino de Dios, deben reinar la soledad y el silencio. Dios está a solas consigo mismo. Las Personas divinas no menoscaban esa soledad, sino que la constituyen[24].

---

[24] A. GUILLERAND, *Voix Cartusienne*, Parole et silence, Les Plans-sur-Bex 2007.

EL ENCUENTRO DE CORAZÓN
A CORAZÓN

En el encuentro de corazón a corazón, debemos evitar dos excesos: la actividad y la pasividad. Conviene recurrir a nuestros medios humanos para evitar la somnolencia, y al silencio para no caer en la meditación o la lectura... El alma debe mantenerse dispuesta a escuchar a Dios, a dejar que este obre en ella, a seguirle en los caminos por donde quiera llevarla. Hay que estar en disposición de esperar la venida del Señor, en silencio y dejando que Él hable en nosotros. Creemos que Dios habita en nosotros, pero siempre nos empeñamos en actuar en vez de dejarle actuar. ¡No es fácil dejarse llevar! Los corazones silenciosos encontrarán a Dios en la intimidad de la contemplación. Como decía san Juan de la Cruz, hay que «caminar por la oscuridad de la fe, tomándola por guía».

Todos los grandes maestros de la espiritualidad recomiendan ese silencio. En el caso de los Padres de la Iglesia, ese silencio implica un encuentro con el misterio divino. San Gregorio Nacianceno, un padre capadocio del siglo IV, decía que el silencio es superior al desierto o al ayuno: «Tú buscas el desierto y el ayuno; yo busco el silencio»[1].

En un himno para el Domingo de Pascua, poniendo fin al silencio absoluto que se había impuesto durante la Cuaresma, san Gregorio canta al Verbo resucitado:

> Abro los labios que el silencio mantenía cerrados y hallas en mí una cítara dispuesta a cantarte. He sacrificado interiormente mi inteligencia a la Inteligencia, mi verbo al Verbo[2].

San Agustín, en su comentario a los salmos, señala que «la verdadera oración es la del corazón en el silencio»[3]. Es evidente que la tradición monástica, sobre todo los Padres del desierto, insisten en la práctica ascética del silencio. Para los Padres, el silencio no es un fin en sí mismo: está subordinado al amor a Dios y al prójimo. En su *Santa escala*, Juan Clímaco, monje del Sinaí del siglo VII, proclama las virtudes del silencio:

> El silencio es madre de la oración, reparo de la distracción, examen de los pensamientos, atalaya de enemigos (...). El amante del silencio se acerca a Dios, y en lo secreto de su corazón reconoce su luz[4].

---

[1] *Carta* 3.

[2] *Discurso* 32.

[3] Agustín de Hipona, *Comentarios a los salmos*.

[4] Juan Clímaco, *La Santa escala*, undécimo escalón, 3; 5.

Isaac de Nínive, monje de finales del siglo VII, habla a menudo del silencio:

> El silencio es el misterio del mundo que está por llegar. El habla es el órgano del mundo presente (...). Por ese misterio, por esas virtudes invisibles se cumple el servicio del Ser que gobierna el mundo[5].

Guigo el cartujo, del siglo XII, escribe acerca del silencio:

> Quien no está en silencio no puede escuchar al que habla (...). Que la tierra de mi alma se calle en tu presencia, para que pueda escuchar lo que dice en mí el Señor mi Dios. Porque esas palabras que murmuras solo pueden escucharse en un profundo silencio[6].

Estas citas de los primeros siglos nos permiten descubrir que el silencio de Dios es la fuente de la Palabra reveladora. Se trata de un silencio de plenitud, el de las relaciones íntimas entre el Padre, el Hijo y el Espíritu Santo. De ese silencio procede la Palabra que se hace carne, que comunica las palabras del Padre. Y solo el silencio del hombre permite comprender la riqueza de la Palabra de Dios. En sí mismo Dios es inefable, pero

---

[5] *Carta* 3.

[6] GUIGO EL CARTUJO, *Méditations*, Sources Chrétiennes, 163, p. 129.

por la gracia de su misterio el hombre puede acercarse a Él y percibir algunos destellos.

La escuela carmelita es la música del silencio. En san Juan de la Cruz, el silencio es dulzura y música: «Aunque aquella música es callada cuanto a los sentidos y potencias naturales, es soledad muy sonora para las potencias espirituales».

Así, instalados en el silencio, podemos proceder a la escucha de la Palabra de Dios a partir de un pasaje de evangelio, que no sea demasiado largo. A continuación responderemos «no oraciones compuestas, sino de la pena de vuestro corazón, que las tiene Él en muy mucho»[7]. El alma interrumpe el silencio expresando lo que siente en el fondo del corazón. Pueden alternarse los silencios con el diálogo, según el momento o el estado del alma.

Dios «no es amigo de que nos quebremos las cabezas hablándole mucho»[8]. A veces podemos tener la impresión de que Dios permanece en silencio, porque el texto no nos dice nada. Pero santa Teresa precisa:

> ¿Pensáis que está callado? Aunque no le oímos, bien habla al corazón cuando le pedimos de corazón[9].

---

[7] TERESA DE JESÚS, *Camino de perfección*, c. 26, 6.
[8] *Ibídem*, c. 29, 6.
[9] *Ibídem*, c. 24, 5.

Teresa está segura de que el Señor no cesa de obrar en el alma que le busca:

No viene tan disfrazado que de muchas maneras no se dé a conocer conforme al deseo que tenemos de verle; y tanto lo podéis desear que se os descubra del todo[10].

La respuesta del Señor en el encuentro de corazón a corazón no se expresa por medio de palabras, sino por su acción en lo más íntimo del alma. Se expresa en las sensaciones que Dios nos transmite, como la felicidad de encontrarnos en ese lugar, de creer y esperar en Él a pesar de lo que vivimos, o en la sensación de satisfacción, a pesar de nuestros límites, por sabernos amados y perdonados. Volvemos a la cuestión del deseo: ¿buscamos realmente a Dios? ¿Tenemos sed de Él? ¿Cuál es nuestro deseo espiritual?

A veces, cuando releemos un versículo del evangelio, descubrimos una palabra nueva... ¡aunque nos supiéramos el versículo de memoria! ¿Quién nos dice que no se trata de un guiño de Dios? Por eso, la Palabra siempre está viva y siempre nos sorprende. Esos momentos de encuentro de corazón a corazón suponen una profundización, pero también un auténtico abandono en los brazos de Dios. Debemos saber que cuanto más avanza el alma en su unión con Dios,

---

[10] *Ibídem*, c. 34, 12.

más se simplifica su vida espiritual, y más tiende a consistir en un estado de acogida de la gracia, de apertura al don del Espíritu en el silencio, ese mismo silencio que a veces nos resulta tan árido.

Si sois constantes, el camino de contemplación se irá simplificando de manera progresiva. Como dice santa Teresa de Jesús, contáis con las llaves para abrir la celda secreta del alma. Solo tenéis que entrar; el Señor os espera. Reconozco que lleva tiempo, pero no os desaniméis. Llegará un momento en que escucharéis la voz que habla sin palabras; os sentiréis invadidos y colmados de una plenitud de presencia, en «ociosidad u olvido o escucha espiritual, lo cual siempre viene con algún absorbimiento interior», como dice san Juan de la Cruz en la *Llama de amor viva*[11]. Ese silencio debe ser una guía para toda vuestra vida. Lo que caracteriza el silencio no es la ausencia de palabras, sino esa paz del alma que solo escucha la Palabra que resuena en el silencio eterno.

La vida espiritual debe simplificarse y por lo tanto unificarse: es ella la que unifica nuestro ser. Para eso, el alma debe desprenderse de las pasiones que la alejan de la fuente. De esa manera, «se junta el alma con el Amado en una unión de sencillez, y pureza, y amor, y semejanza»[12]. La ora-

---

[11] Comentario a la estrofa 4, 32.
[12] JUAN DE LA CRUZ, *Subida del monte Carmelo*, lib. 2, canc. 2, c. 1, 2.

ción se vuelve entonces contemplación, comunicación del silencio y la sencillez de Dios. Cuanto más avanza el alma en el desierto, más dispuesta está a escuchar la Palabra y más desea confinarse en soledad. Como señala Louis Bouyer, «aquí abajo, la palabra solo resonará para llamarnos a reencontrarla en un nuevo silencio, en un desierto más profundo».

Ese encuentro de corazón a corazón es fuente de unificación y de purificación. Nos corresponde a nosotros decidir su duración. Toda oración se abre a lo universal, es lo contrario al repliegue en uno mismo. La oración termina con una oración de intercesión.

> Interceder, pedir en favor de otro, es (...) lo propio de un corazón conforme a la misericordia de Dios. En el tiempo de la Iglesia, la intercesión cristiana participa de la de Cristo: es la expresión de la comunión de los santos. En la intercesión, el que ora busca «no su propio interés, sino [...] el de los demás»[13].

No debemos olvidar a los que nos han pedido que recemos por ellos, puesto que nos hemos comprometido. Después de haberlos nombrado, terminamos con un *Padrenuestro*.

He aquí un hermoso camino de perfección. Para alcanzar este tipo de comunión, nuestra

---

[13] *CCE*, n. 2635.

vida debe ser ordenada. Necesitamos una regla de vida, marcada por la oración y la vida sacramental, sin olvidar las obras de caridad, el cumplimiento de nuestro deber de estado, la vida en función de las virtudes teologales... Si os mantenéis fieles a ese encuentro, os resultará más fácil recogeros y descenderéis más rápido al corazón.

La sola presencia de Dios basta. Por eso, vuestra inteligencia irá perdiendo el gusto por los razonamientos. Ya no habrá palabras, sino movimientos interiores. Será la sencilla mirada del alma, el tranquilo reposo en el Señor. El silencio y el reposo son las actitudes del amor. La oración ya no es más que la mirada vuelta hacia la verdad y el silencio que provoca. La oración se vuelve contemplación: mirada vuelta hacia la verdad bajo la influencia del amor. A ello contribuyen el don de uno mismo, la humildad, el silencio, la soledad y los dones del Espíritu.

El amor es lo que simplifica la mirada y la fija en el sujeto contemplado. Es gracias al amor que el alma conoce el misterio de Dios. Por eso todo teólogo debe ser contemplativo. Y el fruto de la contemplación es un incremento del amor. Este es el camino carmelita, pero hay muchos otros.

El fruto de toda oración es mirar la vida cara a cara. La oración no es una huida del mundo, ¡al contrario! Es una mirada profunda que os permitirá encontrar a Dios en el fondo de vuestro corazón. Esa es la gracia de la fe. Esa fe viva y verdadera es como una toma de posesión de Dios. Dios pasa a ser nuestro, huésped amado de nuestra alma. Y nuestra alma, libre de las ataduras externas, no tiene más que volverse hacia Él en un pensamiento amoroso para lograr esa interioridad. Es en ese sentido que la fe nos permite tomar distancia.

Cuanto más débiles nos sentimos, más capaces somos de recibir a Dios. Nuestro amor consiste ante todo en acoger su efusión de vida. Su amor reside en el fondo de nuestro corazón y debemos descubrirlo. Concluyamos este capítulo con estas palabras de santa Isabel de la Trinidad:

La fe es el cara a cara en las tinieblas (...). Que esto sea verdad en nuestras almas a través de todas las fases por donde el Señor quiera llevarlas y que nada pueda distraernos de la visión de su caridad. Él nos lo ha dicho por su Verbo encarnado: «Permaneced en mi amor» (*Jn* 15, 9). Que este sea el lugar de nuestra cita en la tierra, mientras esperamos el encuentro del cielo, donde cantaremos el *Sanctus* y el cántico de amor siguiendo al Cordero[14].

---

[14] Isabel de la Trinidad, *Carta al abate Jaillet*, 11 de febrero de 1904.

TRAS LOS PASOS
DE ISABEL DE LA TRINIDAD

Para ilustrar este camino de oración, vamos a seguir las enseñanzas de Isabel de la Trinidad. ¿Quién era esta joven carmelita? Hija y nieta de militares, por las venas de Isabel Catez corría sangre de soldado, de ahí su carácter indomable. Hasta los siete años era propensa a los berrinches, que sus padres se veían incapaces de controlar.

Su primera confesión supuso una auténtica conversión. A partir de ese momento, Isabel establece un combate con sus principales defectos, como la ira y la sensibilidad. Esa fase de su combate durará hasta los dieciocho años. «Con ese carácter, Isabel será una santa o un demonio», decían sus conocidos.

Pero Isabel experimenta un cambio rápido y profundo. Así, un día después de haber recibido la comunión, le parece escuchar la palabra «Carmelo» en su alma. No escucha la voz físicamente, pero un deseo se despierta en su corazón. Así comienza su vocación y su aventura espiritual.

En adelante, Isabel intenta evadirse de este triste mundo de tentaciones. Su madre se opone a su ingreso en el convento, por lo que tendrá que esperar a la llamada de Dios. Durante esta época participa en fiestas mundanas y reuniones de todo tipo. Se relaciona despreocupadamente con su clase social, aunque evitando siempre el pecado.

En Dijon se consagra a las actividades de la parroquia, ocupándose sobre todo de los niños. También sabrá apreciar las tartas de Francine, la mejor pastelería de la ciudad, y reirá de buen grado de las copiosas comidas que, durante tres días, llenan los estómagos de sus vecinos. Pero a pesar de las fiestas mundanas y de las delicias gastronómicas de la Borgoña, el corazón de Isabel siente nostalgia del Carmelo. Desea encontrarse a solas con Jesucristo.

El combate espiritual contra sus defectos y el triunfo sobre su naturaleza –gracias a haber cambiado de punto de apoyo– conducen a la futura santa a las primeras manifestaciones de esas gracias místicas que transformarán su vida lentamente y de forma progresiva. Después de su profesión en el Carmelo, esa transformación se producirá mediante un movimiento tranquilo y continuo. Y en los últimos seis meses de su vida –que pasó en la enfermería del convento–, de manera vertiginosa.

En enero de 1899, cuando tenía diecinueve años y estaba haciendo un retiro, Isabel toma conciencia de sus primeras señales divinas. Para ella, esas señales no son el silencio de Dios, sino más bien su presencia. Escuchémosla:

> ¡La oración! (...) Ese grado de oración en el que Dios hace todo y nosotros no hacemos nada, donde Él une nuestra alma tan íntimamente a sí que ya no vivimos, sino que es Dios quien vive en nosotros. Oh, he reconocido allí los momentos de éxtasis sublimes adonde el Señor se ha dignado elevarme durante estos santos ejercicios y también después (...). Después de estos éxtasis, estos arrobamientos sublimes en los que el alma olvida todo y no ve más que a su Dios, ¡qué dura y penosa parece la oración ordinaria, con qué pena hay que trabajar en recoger las potencias, cuánto cuesta esto y qué difícil parece![1].

Esta confidencia puede ayudarnos en nuestro camino. Es cierto que nunca hemos experimentado los éxtasis de los que habla Isabel, pero hay que tener en cuenta que estos solo duran un instante. La oración cotidiana suele ser árida, por eso nos cuesta tanto ser constantes. Pero aunque no vivamos esos arrobamientos, tenemos la unión con Dios, que es la finalidad de la oración.

---

[1] Isabel de la Trinidad, *Diario*, 20 de febrero de 1899.

Isabel, siguiendo los pasos de Teresa de Jesús y su *Camino de perfección* –que os invito a leer para que crezca en vosotros el deseo de estar con Dios–, se sentía habitada. En el Carmelo conoce a un religioso dominico, el padre Vallée, que le confirma que esos movimientos de gracia son dones de Dios. A partir de entonces consagrará toda su vida a la Trinidad. Termina entrando en el Carmelo y descubre la clave de toda su vida interior: retirarse a lo más profundo del alma para encontrar allí a Dios. Para ello es necesario un trabajo de renuncia y la gracia suprema que transformará su vida, aportándole el sentido de su vocación definitiva: ser una alabanza de gloria a la Trinidad.

El papa Francisco, en la misa de canonización de la joven carmelita, nos recuerda el combate espiritual de la santa:

> Este es el misterio de la oración: *gritar, no cansarse y, si te cansas, pide ayuda para mantener las manos levantadas*. Esta es la oración que Jesús nos ha revelado y nos ha dado a través del Espíritu Santo. Orar no es refugiarse en un mundo ideal, no es evadir a una falsa quietud. Por el contrario, *orar y luchar*, y dejar que también el Espíritu Santo ore en nosotros[2].

---

[2] FRANCISCO, *Homilía del 16 de octubre de 2016*.

Los primeros pasos hacia la vida carmelita la llenan de alegría. Pero después de un noviciado lleno de gracias, Dios la abandona a sí misma, a la impotencia, al desánimo, a las dudas sobre su vocación. Sí, la facilidad de la oración ha desaparecido. Isabel pasa, al igual que todos nosotros, por una fase de purificación, de desapego, que es lo único que logra liberarnos. Ya no busca emociones fuertes, sino la fe pura. Debemos vivir una auténtica conversión, que consiste en no contar con los sentidos, sino con la fe. Hasta ese punto debemos acrecentarla. ¿Por qué el silencio de Dios no se convierte en Palabra? Sencillamente porque permanecemos en el nivel de los sentidos.

Confiando en el criterio de su padre espiritual, Isabel permanece en el Carmelo y hace su profesión. El combate se hace menos violento, pero sigue estando ahí. No obstante, el ritmo tranquilo de la vida en el Carmelo es sencillo y se reduce a algunos momentos esenciales, siempre los mismos: guardar silencio y creer que el Amor está ahí, en el fondo de nuestra alma, para salvarnos. Escuchemos una vez más a la joven carmelita:

> Siento mucho amor en mi alma. Es como un océano en el que me sumerjo y me pierdo: es mi visión en la tierra, mientras espero el cara a cara en la luz. Él está en mí, yo estoy en Él. No tengo más que amarle, dejarme amar siempre, a través de todas las cosas: despertar-

se en el Amor, moverse en el Amor, dormirse en el Amor, el alma en su Alma, el corazón en su Corazón, los ojos en sus ojos, para que por su contacto Él me purifique y me libre de mi miseria[3].

Todas estas observaciones muestran la unificación de su ser. Esta unión, esta comunión con Dios es posible aunque aún no hayamos alcanzado el mismo grado de unión mística. El 21 de noviembre de 1904, Isabel experimenta un arrebato de gracia: se trata de su sublime elevación a la Trinidad:

> ¡Oh, Dios mío, Trinidad a quien adoro! Ayúdame a olvidarme totalmente de mí, para instalarme en ti, inmóvil y serena, como si mi alma estuviera ya en la eternidad.

Lo dijimos en el capítulo anterior: hay que olvidarse por completo de uno mismo. El yo bloquea nuestra vida, de ahí la importancia del silencio. ¿De qué otra forma entender esa muerte de uno mismo, esa lucha contra la naturaleza en la que tanto insiste san Juan de la Cruz? No es la naturaleza en sí misma lo que hay que superar, sino lo disperso que hay en ella. La búsqueda del silencio interior no consiste en suprimir los movimientos de la naturaleza, sino en atenuar las pa-

---

[3] Isabel de la Trinidad, *Diario*, 27 de agosto de 1903.

siones que nos impiden seguir nuestro camino interior. Se trata de morir para uno mismo a fin de vivir mejor con Jesucristo.

La ascesis no debe asfixiar la naturaleza, sino liberarla. Por eso debe vivirse en el amor. Es cierto que alcanzar ese olvido de uno mismo que nos convierte en santuarios de Dios lleva mucho tiempo. Por medio de la penitencia, debemos llegar a Dios y vivir únicamente de Él.

Pero eso no nos impide conservar nuestra alma sensible. Santa Teresa del Niño Jesús confesaba a la madre María Gonzaga: «Al entregarse a Dios, el corazón no pierde su ternura natural; antes bien, la ternura crece a medida que se hace más pura y más divina». No hay que librarse de la sensibilidad, sino de la emotividad, es decir, de lo que esta tiene de disperso. No se trata de negar nuestra afectividad y nuestros sentimientos humanos. Dios nos ama como somos. Cuanto más penetra el alma en el silencio, más escucha la voz que habla sin palabras.

No obstante, Isabel no se libró del sufrimiento. La tarde del Domingo de Ramos sufre un ataque renal muy fuerte. A consecuencia de una tuberculosis padece la enfermedad de Addison, entonces incurable. Se trata de una dolencia crónica que afecta al conjunto del metabolismo.

«Voy a la Luz, al Amor, a la Vida». En vista de su enfermedad, y siendo todavía muy joven, Isabel redacta su testamento espiritual durante un retiro que se predica a sí misma. El tema del retiro es cómo encontrar el cielo en la tierra. A su manera, Isabel responde a nuestra pregunta sobre el silencio de Dios frente al sufrimiento. «¿Por qué, Señor?».

Después de recibir los últimos sacramentos, la santa dicta un último mensaje:

> He aquí, creo, el gran día, tan ardientemente deseado (...). Tengo la esperanza de estar esta noche entre esa gran muchedumbre que san Juan vio delante del trono del Cordero (...). Le doy a usted cita (...) en la visión en la que me voy a perder para siempre.

El día de Todos los Santos llega la hora suprema:

> Todo pasa... Al final de la vida, solo queda el amor... hay que hacerlo todo por amor.

Comienzan nueve días de dolorosa agonía. Dos días antes de su muerte, cuando el médico le comunica sus temores, Isabel dice, llena de alegría:

> Dentro de dos días estaré en el seno de mis «Tres». La Virgen, ese ser todo luminoso, me tomará de la mano para llevarme al cielo.

Algunos días antes de morir confiesa:

> Me parece que en el cielo mi misión será la de atraer a las almas, ayudándolas a salir de sí

mismas, para unirse a Dios por un movimiento todo simple y amoroso, y conservarlas en ese gran silencio interior que permite a Dios imprimirse en ellas, transformarlas en sí mismo.

Ha llegado el momento de analizar el testamento espiritual de la santa, *El cielo en la fe*, escrito tres meses antes de su muerte. Isabel se lo dedica a una joven madre de dos hijos, casada con un banquero. Es decir, no se trata de un texto destinado a los carmelitas, sino a todo bautizado que quiera unirse a Dios.

Isabel parte de una cita de la Biblia y comparte con nosotros los frutos de su oración: «Padre, quiero que donde yo estoy también estén conmigo los que Tú me has confiado»[4]. Jesucristo quiere que, donde Él esté, estemos nosotros; no solo en el Reino, sino ya, en este tiempo que es la eternidad que comienza.

Debemos vivir en la casa paterna, de donde nunca debemos salir:

> Permaneced en mí. Es el Verbo de Dios quien da esta orden. Permaneced... de un modo permanente, habitual (...). Penetrad cada vez más en esta profundidad. Es esta verdaderamente la soledad adonde Dios quiere atraer al alma para hablarle.

---

[4] *Jn* 17, 24.

Ese silencio que tanto nos asusta es la condición indispensable para escuchar a Dios, que interrumpirá ese silencio para hablarnos.

Siguiendo las enseñanzas de san Juan de la Cruz, Isabel insiste en el papel de la fe, que es el medio para devolver a Dios amor por amor. El alma ya no se detiene en los gustos o los sentimientos; poco le importa sentir a Dios o no sentirlo... simplemente cree en su amor. Al alma iniciada en la fe, el Maestro puede decirle –en la intimidad del secreto– estas palabras que dirigió un día a María Magdalena: «Tu fe te ha salvado; vete en paz».

Isabel medita a continuación sobre este pasaje de la Escritura: «Sed santos, porque yo soy santo»[5]. Independientemente de quiénes seamos, estamos llamados a la santidad. Isabel responde así a la propuesta:

> ¿Quién es, pues, «el más santo»? Es el que más ama, el que mira más a Dios y cumple más plenamente las exigencias de su mirada. Cómo satisfacer las exigencias de la mirada de Dios sino manteniéndose sencilla y amorosamente vuelto hacia Él, para que pueda reflejar su propia imagen (...). La forma del alma es Dios, que debe imprimirse en ella como el sello sobre la cera (...). Para llegar a conseguir

---

[5] 1 P 1, 16.

este ideal es necesario mantenerse recogido dentro de sí mismo, permanecer en silencio en presencia de Dios, mientras el alma se abisma, se dilata, se inflama y se funde en Él con una plenitud sin límites[6].

Advirtamos, una vez más, la importancia del silencio del hombre, que debe unirse al silencio de Dios.

En el segundo retiro[7], una Isabel doliente asocia sus sufrimientos a los de Jesucristo. Su único deseo es verle: «Bienaventurados los limpios de corazón, porque verán a Dios»[8]. Este corazón limpio y orientado hacia Dios es el séptimo sentido que percibe la presencia secreta del Señor. Del silencio pasamos a la visión. Buscar su presencia purifica el corazón; es más, es la vía más directa hacia Dios:

No es mirando nuestra miseria como seremos purificados, sino mirando a Aquel que es todo pureza y santidad[9].

Finalmente, en su tercer retiro[10], escrito dos meses antes de su muerte, Isabel retoma el tema de la fe. Qué importa sentir o no sentir, encon-

---

[6] ISABEL DE LA TRINIDAD, *El cielo en la fe*, 24-25.

[7] *La grandeur de notre vocation*, Cerf, París 1991.

[8] *Mt* 5, 8.

[9] ISABEL DE LA TRINIDAD, *Cartas*, 26 de noviembre de 1905.

[10] *¡Déjate amar!*

trarse en la oscuridad o en la luz: quien está anclado en la fe se verá colmado de una alegría inquebrantable y glorificada.

Isabel comparte este recorrido espiritual con María, que es tan transparente, tan luminosa que podría confundirse con el sol. Y sin embargo María no es más que el espejo del sol de la justicia. Lo que conmueve a la carmelita es la interioridad de la Virgen, que «guardaba todas estas cosas ponderándolas en su corazón». María es bella, tranquila y majestuosa, tan en intimidad con el Verbo de Dios pero a la vez tan humilde, siempre olvidadiza, ignorante, inconsciente. La Reina de las vírgenes es también la Reina de los mártires. Qué hermoso resulta contemplarla, tan bella y tan serena. María, siempre al pie de la cruz, tan fuerte y tan valiente. Cuando sufrimos, ahí está ella. Y en el día de nuestra muerte seguirá a nuestro lado y nos dirá con alegría: «¡Vamos a la casa del Señor»[11]. Así es. Ese día atravesaremos las nubes para descansar en el seno de Dios. María es el modelo del silencio.

Vamos a finalizar este capítulo evocando una hermosa figura de santidad, la de la Madre Teresa. La Madre Teresa tuvo un conocimiento íntimo del silencio; también ella sufrió el silencio de Dios. Era una mujer de silencio porque era una mujer de oración. Quería permanecer en el

---

[11] *Sal* 122, 1.

silencio, por eso huía del ruido mundano. Siempre que visitaba un país para expandir su obra, imitaba a Jesucristo en su silencio, su humildad, su pobreza, su dulzura y su caridad.

La Madre Teresa se pasaba horas delante del Santísimo Sacramento. Para ella, rezar equivalía a amar con todo su corazón. A un joven sacerdote que solicitó acompañarla en su oración, la Madre Teresa le dijo que no rezaba lo suficiente. El joven sacerdote le dijo: «Madre, esperaba más bien que me preguntara qué actos de caridad practico». Y ella respondió:

> ¿Crees que podría practicar la caridad si no pidiera cada día a Jesucristo que llenase mi corazón con su amor? ¡Sin Dios, somos demasiado pobres para ayudar a los pobres!

En un encuentro con los seminaristas de París, el cardenal Bernandin Gantin, de Benín —fallecido hace ya más de quince años—, decía:

> Debéis grabar en vuestro corazón tres palabras: *Crux, Hostia* y *Virgo;* la Cruz, la Hostia y la Virgen. Son tres misterios que Dios ha dado al mundo para fecundar nuestra vida interior y arraigarnos en Jesucristo. Y son tres misterios que se contemplan en el silencio.

Un ser sin silencio es un ser al margen de Dios, exiliado en un país lejano que permanece en la superficie del misterio del hombre y del mundo, como diría Georges Bernanos. Necesitamos ese silencio porque nos permite reunir en el corazón todas nuestras energías, todo lo que estamos viviendo. La oración y el silencio van de la mano, igual que la amistad y el silencio. ¡Qué alegría descubrir que el silencio puede hacerse Palabra!

CONCLUSIÓN

¿Habré respondido a la pregunta de mis lectores? No estoy muy seguro, porque el mal pertenecerá siempre a la esfera del silencio y del escándalo. Y frente a nuestras preguntas, seguirá estando el silencio aparente de Dios.

Bienaventurado el que tiene fe, aunque esa fe se vea debilitada por el mal. Descubrir que el silencio de Dios es presencia lleva tiempo: es lo que se propone el camino espiritual que describo en este libro. Efectivamente, el silencio de Dios y el silencio de los hombres van de la mano. Puede que esos silencios nos asusten, pero deberían encontrarse en el centro de nuestra vida.

Aunque Dios permanezca en silencio, no deja de dar sentido a lo que vivimos. Lo hemos visto en el caso de Job, de Jesucristo, Teresa de Jesús, santa Teresita, Isabel de la Trinidad, la Madre Teresa y tantos otros. Como decía san Pablo, permanezcamos en la esperanza.

Nuestra dificultad consiste en creer que la omnipotencia es la clave, que si Dios no fuera omnipotente, no sería Dios. Lo que debemos

descubrir es que su omnipotencia es la omnipotencia del amor, cuya principal característica es el
rebajamiento. Aquel que es Dios se hace niño y
se entrega a la muerte. Contrariamente a lo que
podamos imaginar, la omnipotencia de Dios está
desprovista de toda violencia, a diferencia de
nuestro mundo. Jesucristo no es violento: viene
al mundo para revelar el rostro escandaloso del
amor, el rostro desfigurado que nos manifiesta
que es Dios.

San Pablo, en su segunda Carta a los Corin-
tios, escribe: «Si es preciso gloriarse, me gloriaré
en mis flaquezas»[1]. Debemos aceptar pasar por
momentos de debilidad. «Aunque [Jesucristo]
fue crucificado en razón de la flaqueza, vive por
el poder de Dios»[2]. Esta insistencia en la flaqueza
busca hacernos comprender que la muerte, que
es la flaqueza por excelencia, se abre a la resurrección. San Pablo cree en la resurrección. Por
eso, cuando habla de flaqueza, está pensando al
mismo tiempo en la muerte transfigurada por la
omnipotencia de Dios que obra en él.

La plenitud del amor solo existe en la flaqueza habitada por la presencia de Dios. Como
antiguo rector de la catedral de Notre Dame,
donde se encuentra la santa corona de espinas,
me gusta mucho esta frase del Cura de Ars: «Hay

---

[1] *2 Co* 11, 30.
[2] *2 Co* 13, 4.

que apretar las espinas en las manos (...) para que destilen el bálsamo que contienen». Sí, hay que apretar las espinas hasta que nos sangren las manos y la sangre de Jesucristo pase a la nuestra en una comunión de amor y de verdad.

En conclusión, ¿no deberíamos aprender a convivir un poco más con el silencio? Porque el silencio físico llama a su vez al silencio interior, conocido como silencio espiritual. Se trata en primer lugar de exponerse al silencio: apaguemos la música, renunciemos a la palabra transmitida por las ondas o por internet. Es así como se elige el silencio. A veces sentimos el silencio en la imposibilidad de comunicarnos con alguien. «El silencio eterno de los espacios infinitos me aterra»[3], escribe Pascal. En este caso se trata de un silencio vacío. No de una espera o una disposición a la escucha, sea la que sea. El silencio del que habla Pascal es la ausencia total de relación, y en ese sentido es insoportable.

Debemos pasar del silencio interior al silencio místico. Ese silencio garantiza la trascendencia de Dios, al tiempo que el alma toma conciencia de su propia profundidad. El silencio es, por tanto, aquello que caracteriza el lugar donde el hombre puede unirse a Dios. Lo hemos visto en los maestros de la escuela carmelita. San Juan de la Cruz nos invita al silencio interior, a aprender

---

[3] B. PASCAL, *Pensamientos*, 91.

a refrenar los sentidos internos, como la imaginación o el discurso. El alma debe permanecer en silencio. Pero también existe un silencio de paz que Dios mismo opera por medio de sus comunicaciones espirituales. El silencio, dice san Juan, es dulzura y música. Escuchémosle: «Aunque aquella música es callada cuanto a los sentidos y potencias naturales, es soledad muy sonora para las potencias espirituales»[4].

¡Ante todo, no nos desanimemos! Ese silencio no está reservado a los místicos. Es accesible para todos. Eso sí, solo aprenderemos a rezar cuando entendamos que rezar implica, por encima de todo, callarse para penetrar en el silencio divino. Ese silencio resulta insoportable para el que vive en el exterior de sí mismo; por desgracia, hoy en día todo nos empuja a esa exterioridad. Aun así, si queremos progresar en la oración, debemos pasar por esa exterioridad.

Sabemos que el silencio no es el vacío. Por el contrario, el silencio es esencialmente plenitud. Y es una plenitud en la que se habla. Las palabras que surgen de la agitación y el ruido son superficiales. El fondo del ser debe estar ocupado por el silencio; y ese ser solo pronunciará una palabra verdadera y profunda si esta parte del silencio, si es expresión del silencio. Por eso el lenguaje del mundo, de las conversaciones, de los periódicos

---

[4] Juan de la Cruz, *Cántico espiritual*, comentario.

está vacío y nos agota, en lugar de tranquilizarnos y alimentarnos. El exceso de comunicación mata la comunicación y nos aturde. No dudemos en reservarnos unos instantes para recogernos en nosotros mismos. Concedamos unos minutos a Aquel que habita en nosotros, que habla de manera silenciosa y que nos invita a escucharle.

Así es. El silencio no es una ausencia; al contrario, es la manifestación de una presencia, la más intensa de todas las presencias. El ser de Dios está presente en nosotros desde siempre, en un silencio absoluto: debemos penetrar en el misterio de ese silencio. Debemos descubrir las profundidades de nuestra alma. Dios despierta en nosotros nuevas capacidades de ver y comprender. En efecto, es en el silencio donde vemos la realidad de nuestra alma y, en ella, las manifestaciones íntimas de Dios. La primera consecuencia de la manifestación divina en el alma es que esta se descubre a sí misma; toma conciencia de su existencia. Efectivamente, la luz divina arroja una luz en el medio donde se manifiesta. Al principio, la presencia divina resulta todavía muy oscura y al alma le cuesta percibirse a sí misma. Pero a medida que la Presencia se hace más perceptible, el alma se descubre como el centro de receptividad con respecto a Dios. El alma, bajo la luz divina, se percibe de pronto como un universo sin límites –que parece expandirse a las dimensiones de Dios– y como el centro de la unificación del ser. En el descubrimiento de Dios, el alma descubre su verdadera unidad y su papel unificador. Cuando la presencia de Dios se une al alma en el silencio, esta se ve habitada por ella, y más tarde completamente invadida. Como si alcanzara una profundidad más grande que ella misma, el alma se convierte en pura presencia. Sumida en la gracia divina y llena de esa gracia, el alma se percibe como una persona amada por Dios.

La presencia divina, mostrándose en el alma, ilumina sus profundidades. El alma se conoce y conoce a Dios bajo una misma luz. Es entonces cuando, estando tan cerca de Dios, el alma podrá decir que ha sido tocada por su presencia. El alma habrá visto a Dios. Es verdad que no lo verá directamente: el cara a cara solo tendrá lugar después de nuestra muerte. Pero Dios, al mostrarse en nuestra alma, se deja percibir, haciendo a los sentidos capaces de recibir su luz.

Estamos hablando de los sentidos del espíritu: la vista del espíritu y el oído del espíritu, que se hacen capaces de percibir a Dios. La presencia de Dios es incuestionable, pero hay que reconocerla. Muchas almas alcanzan una percepción habitual de la presencia divina en sí mismas en el descanso que proporciona la oración, pero también en la acción. En esa presencia encuentran una paz indescriptible y, al mismo tiempo, sienten la exigencia de esa presencia. A partir de entonces ya no pueden vivir replegadas en sí mismas. Ya no pueden vivir de manera egoísta, porque esa presencia les abre a Dios, al mundo y a todos los demás seres. Al igual que los discípulos no pueden permanecer en el monte Tabor, el alma no puede permanecer en sí misma. Dios la envía al mundo. El Señor no fija el corazón del hombre en Él para apartarlo del amor a sus hermanos, sino, por el contrario, para enseñarle a amar.

Por eso, el amor de Dios no puede servirnos de pretexto para apartarnos de nuestros hermanos. Si el alma no descubre el amor en su vida contemplativa, es porque no ha alcanzado a Dios. Es posible que se haya quedado fijada en un objeto que es una caricatura de Dios, un ídolo que tal vez no es otro que ella misma. Dios invita al alma a amar. El que ha sido tocado por Dios en ese acto de amor regresa entre sus hermanos con un amor nuevo, que no conoce ni tentación ni sospecha. Dios es amor, como dice san Juan, y nos da amor.

Un hombre sin silencio es un ser al margen de Dios, exiliado en un país lejano que permanece en la superficie del misterio del hombre y del mundo. Por eso necesitamos el silencio. El silencio nos hace felices porque nos permite reunir en nuestro corazón todas nuestras energías, todo lo que vivimos. Recordemos el salmo 86: «Concentra mi corazón»[5], es decir, unifica mi corazón.

---

[5] *Sal* 86, 11.

ÍNDICE

Soft Skills

AUMENTAR LAS VENTAS

23 secretos infalibles
para incrementar las ventas
de cualquier negocio

Marcos Álvarez

PROFIT
editorial

«La venta es cuestión
de confianza: el vendedor
que confía en sí mismo
y el cliente que confía
en el vendedor.»

© Marcos Álvarez, 2025

© Profit Editorial I., S.L., 2025

Diseño de cubierta: XicArt

Maquetación: www.soniaymas.com

ISBN: 978-84-10235-68-7

Depósito legal: B 30-2025

Primera edición: Enero de 2025

Impresión: Gráficas Rey

Impreso en España / *Printed in Spain*

Índice

«La mejor técnica de ventas es
la actitud positiva.»

ICONOS USADOS EN ESTE LIBRO

 Listas. Con la información sintetizada y ordenada.

 Sugerencias, ideas... Al final de cada capítulo se proponen tres.

 Este icono señala en el texto un ejercicio o práctica.

 Soluciones o estrategias casi mágicas.

 Herramientas para mejorar sus habilidades.

 Historias o anécdotas que pueden ayudar a entender lo explicado.

Presentación

Hay cientos de pequeños detalles que provocan conexión entre los vendedores y sus clientes. La concurrencia de muchos de estos factores en un espacio de tiempo muy corto –quizás en unos pocos minutos y prácticamente sin darte cuenta– y la intervención de muchos procesos y personas han hecho posible que, en este preciso momento, tú y yo estemos por un rato, que espero sea provechoso para ti y para tu negocio, conectados. En las páginas de este libro he plasmado mis experiencias, vividas y aprendidas durante más de quince años dirigiendo equipos de venta en multinacionales *retail*, porque creo que muchas pueden ser de gran utilidad si te decides a ponerlas en práctica dentro de tu negocio.

Una tienda es como un programa de televisión. Los clientes ven el resultado de un enorme y muchas veces poco valorado trabajo que se realiza "detrás de las cámaras". Me encantará sacar a la luz todo ese trabajo sordo que tantos miles de personas hacen día a día y que a ti puede servirte para incrementar exponencialmente los resultados de venta y beneficios de tu negocio.

El comercio es una industria intensiva en personas. La base de unos buenos resultados en este sector debe estar apoyada en la actuación de las personas que tenemos en nuestras tiendas y en su desarrollo como profesionales de la venta. Por ello, el mapa de ruta de las propuestas que quiero compartir contigo en estas páginas está estructurado de la siguiente forma: si capacitamos y mantenemos motivados a nuestra fuerza de venta conseguiremos ser mucho más eficientes en nuestros procesos y así lograr dar un mejor servicio a nuestros clientes, lo cual nos dará unos mejores resultados de ventas. Así de sencillo... o así de complicado.

Para lograr incrementar tus cifras de venta, te propongo desde ya que evites al máximo caer en el campo de las excusas y que mantengas una visión positiva y centrada siempre en buscar soluciones en lugar de analizar el entorno y pararte únicamente a ver el problema. Olvídate del "es que las cosas están muy difíciles" y ponte manos a la obra pensando en lo que vas a hacer para sacarle el mayor provecho a tu negocio.

Confío en que esta presentación te haya motivado a seguir leyendo y descubrir mis pequeños secretos que, a partir de ahora, serán nuestros pequeños secretos. Muchísimas gracias por permitirme la posibilidad de ofrecerte mi particular visión sobre lo que creo que es la forma más eficiente de gestionar un negocio. Espero que pueda ayudarte a extraer nuevas ideas para ponerlas en práctica en tu empresa.

¿Preparado para comenzar?

01
—

Analiza tu propio negocio

«Conoce a tu enemigo y
conócete a ti mismo y saldrás
victorioso en cien batallas.»

Sun Tzu, en *El Arte de la Guerra*

Antes de definir cuáles son los objetivos de tu negocio debes dedicar tiempo a definirlo en sí mismo. En el campo del *coaching* decimos que quizás muchas veces el problema a la hora de no alcanzar los objetivos (tener) puede deberse a que nos ponemos en acción (hacer) sin tener en cuenta primero cómo somos (ser). Por ello vamos a empezar haciendo uso de una herramienta que utilizan muchas organizaciones para conocer la situación real en que se encuentran y planificar una estrategia de futuro. Esta herramienta se denomina *análisis DAFO* (SWOT en inglés) y el nombre proviene de las iniciales de cada una de las cuatro partes de la que está compuesta la herramienta:

- **D**ebilidades
- **A**menazas
- **F**ortalezas
- **O**portunidades

Se considera que esta técnica fue originalmente propuesta por Albert S. Humphrey durante los años sesenta y setenta en los EE.UU. durante una investigación del Instituto de Investigaciones de Stanford que tenía como objetivo descubrir por qué fallaba la planificación corporativa.

El principal objetivo de este análisis es ayudarte a encontrar cuáles son los factores estratégicos clave de tu negocio y, una vez identificados, trabajar para consolidar y aprovechar tus fortalezas, minimizar y trabajar en mejorar tus debilidades, sacando partido de las oportunidades y teniendo en cuenta las amenazas de tu entorno.

Para llevar a cabo el *análisis DAFO* debes realizar un análisis tanto interno (debilidades y fortalezas) como de todo lo que afecte a tu negocio a nivel de su entorno (amenazas y oportunidades). Está claro que no puedes hacer mucho para cambiar aquellas cosas que están fuera de lo que se denomina tu *círculo de influencia* pero es necesario prever los cambios que puedan producirse en tu entorno y sacar partido de ellos siempre que puedas o estar preparado para enfrentar con éxito las posibles amenazas que puedan surgir.

 Comienza a realizar el análisis DAFO de tu negocio. Coge una hoja de papel en blanco y traza un par de líneas para dividirla en cuatro partes (una para cada apartado del análisis); elige una música suave para escuchar, relájate y empieza a pensar en aquellos factores que podrían afectar a la consecución de tus objetivos para cada uno de los ámbitos de este análisis. Deja fluir las ideas y escríbelas todas sin someterlas a ningún juicio, como si estuvieras haciendo un ejercicio de *brainstorming*; más tarde tendrás tiempo de reflexionar sobre todas estas ideas.

DEBILIDADES: ¿QUÉ CREES QUE SE PODRÍA MEJORAR
INTERNAMENTE PARA VENDER MÁS Y MEJOR?

_____

_____

_____

_____

AMENAZAS: ¿QUÉ OBSTÁCULOS EXTERNOS PUEDEN APARECER QUE PERJUDIQUEN LA MEJORA DE LOS RESULTADOS DE VENTA?

_____

_____

_____

_____

FORTALEZAS: ¿CUÁLES SON LOS PUNTOS FUERTES Y LAS VENTAJAS COMPETITIVAS DE TU NEGOCIO EN COMPARACIÓN CON TUS COMPETIDORES?

_____

_____

_____

_____

OPORTUNIDADES: ¿QUÉ CIRCUNSTANCIAS EXTERNAS PUEDEN AYUDAR A LA MEJORA DE LOS RESULTADOS DE TU NEGOCIO?

_____

_____

_____

_____

Ordena, agrupa y analiza todas las ideas que hayas escrito y ubícalas dentro de cada cuadrante de la matriz. Ahora conoces mucho mejor la situación de partida y estás listo para empezar a generar y definir estrategias que te posibiliten mejorar tus objetivos en el futuro. Para implantar y sacar partido de todas las propuestas que irás conociendo a partir de ahora tras realizar este ejercicio es preciso que recorras una a una las tres etapas de todo proceso de mejora:

→ **Conciencia:** es la fase inicial en la que se identifican y aclaran temas tan importantes como la situación de partida y los objetivos a alcanzar y el potencial y los recursos con los que cuentas. Tras realizar el análisis DAFO habrás superado esta primera etapa.

→ **Responsabilidad:** para lograr los objetivos no será suficiente con ser conscientes, es necesario tener deseo y energía real para cambiar. La responsabilidad será la habilidad para dar respuesta a la situación y contexto en los que se encuentra el negocio para conseguir las metas que vayas a fijar.

→ **Acción:** de nada sirven las dos etapas anteriores si no existen las acciones que hagan posible la consecución de los objetivos. Por otro lado, las acciones sin conciencia ni responsabilidad pueden (y suelen) ser del todo contraproducentes.

02

—

Descubre la fórmula de tus ventas

«Un pintor es un hombre
que pinta lo que vende.
Un artista es un hombre que
vende lo que pinta.»

PABLO RUIZ PICASSO

En algunas ocasiones he podido escuchar la expresión las "ventas lo tapan todo" con la que no puedo estar para nada de acuerdo. Los que usaban esta sentencia se referían a que si la cifra de ventas era positiva no importaban ni las ineficiencias ni la forma y modos en los que se conseguían estas mejoras en la facturación. Con la llegada de las caídas de ventas a partir de la llegada de la crisis económica del 2008 muchos de los que hacían este comentario se dieron cuenta de su equivocación. Al resultado no puedes llegar a partir del propio resultado sino a partir de sus factores.

Las ventas de cualquier negocio son fruto de la siguiente fórmula:

Ventas = Clientes x Conversión x Uds. por Transacción x PMe

O de forma más simple, necesitas saber:

a) cuántos clientes te compran.

b) cuánto te compra cada cliente (importe medio).

Esta fórmula tan simple puede ayudarte –y mucho– a entender mejor la forma en que puedes mejorar los resultados de venta de tu negocio.

Teniendo en cuenta esta forma simple de entender las ventas dentro de tu negocio, el modelo que te propongo sigue el camino del cliente y su experiencia de venta dentro de tu establecimiento, por lo que las preguntas a las que iremos dando respuesta de forma sucesiva serán las siguientes:

→ **¿Tienes suficientes clientes?** Necesitas incrementar al máximo la frecuentación de personas que vienen a visitarte ya que existe una lógica correlación positiva entre número de visitantes y cifra de ventas. Llamaremos tráfico de clientes al número total de personas que recibe un establecimiento en un determinado periodo (día, mes, año). La forma más habitual de realizar esta medida es a través de un sencillo contador colocado a ambos lados de la entrada de la tienda u otros sistemas similares que pueden estar colocados en el suelo de la entrada, que cuenta cada persona que pasa por encima, o también mediante una pequeña cámara en el techo de la entrada que cuenta las personas que pasan por la entrada.

→ **¿Conviertes en compradores a un número suficiente de clientes?** Un negocio dispone de dos vías principales para convertir:
1.- *Merchandising*: la disposición y presentación del producto haciéndolo accesible, visible y apetecible para el cliente que prefiere o que no puede no ser atendido por el personal de venta.
2.- Servicio al cliente: la atención y el servicio de los vendedores es la clave principal de un negocio *retail*; por ello analizaremos los factores clave para disponer de los mejores vendedores, aquellos que cuentan con la preparación y la motivación suficiente para desempeñar su labor de forma excelente.

→ **¿Consigues tus objetivos de ticket medio?** El ticket medio es el importe medio de cada operación de venta que se realiza en el establecimiento. En algunas ocasiones se conoce también con el nombre de "cesta media" o "valor de transacción medio". Las dos palancas sobre las que puedes actuar para incrementar el importe del ticket medio son el precio medio de las unidades vendidas y el UPT o unidades vendidas en cada ticket.

Ticket medio = Uds. por ticket x Precio medio de la unidad

Cualquier actuación de tipo estratégico u operativo que desarrolle en el negocio tendrá un impacto sobre todos estos factores y con ello sobre la cifra de ventas que acabes logrando. En algunos casos, una misma actuación puede tener varios efectos y algunos contrapuestos, con lo que el resultado final será el fruto de la combinación de todos estos efectos.

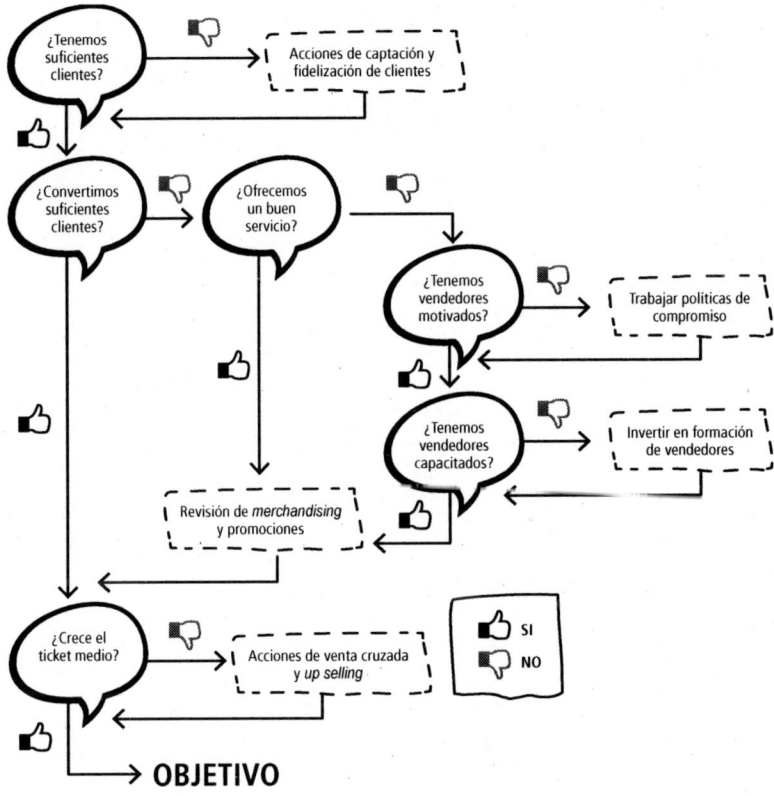

El mapa para aumentar la venta

Ejemplo: supongamos que decides realizar una campaña promocional con un descuento del 20% en todos los artículos. Los efectos de esta promoción sobre los factores de la fórmula de ventas serían:

1.- Si la promoción cuenta con una campaña de publicidad o incluso con una comunicación en el escaparate de tu establecimiento, seguramente lograrás incrementar el tráfico de clientes.

2.- Contar con artículos en promoción es un buen incentivo para estimular el deseo de compra de tus clientes, con lo que hay una gran probabilidad de que se incremente la cifra de conversión.

3.- Un descuento del 20% en todos los artículos también puede hacer que el cliente esté dispuesto a llevarse más unidades de las que se llevaría si no gozase de ese descuento. Resultado: incremento del UPT.

4.- Un descuento del 20% en todos los artículos de la tienda hará que el precio medio también sufra una caída.

Luego, una bajada del 20% en todos los artículos ¿puede traer consigo un incremento de las ventas del negocio? Dependerá de si los incrementos de tráfico, conversión y UPT compensan la caída del precio medio.

Por ello, antes de implantar y poner en marcha las acciones que quieras desarrollar en tu negocio debes valorar cuál va a ser, a priori, el efecto de cada acción.

03

**Atrae
visitantes a tu
negocio**

«Para mí, el cine son
cuatrocientas
butacas que llenar.»

Supón que dispones de un buen producto, de vendedores, de una óptima localización del establecimiento para vender... De nada te servirá todo este montaje si no tienes clientes. El primer elemento clave de la fórmula de ventas son los clientes, entendidos éstos como todas las personas con las que puedes tener contacto y ofrecerles tu producto. Cuantas más visitas recibas en tu tienda o más contactos hagas con tus clientes, mayores serán las probabilidades de incrementar tus ventas.

En relación con el tráfico de clientes de tu establecimiento debes tener en cuenta los siguientes puntos:

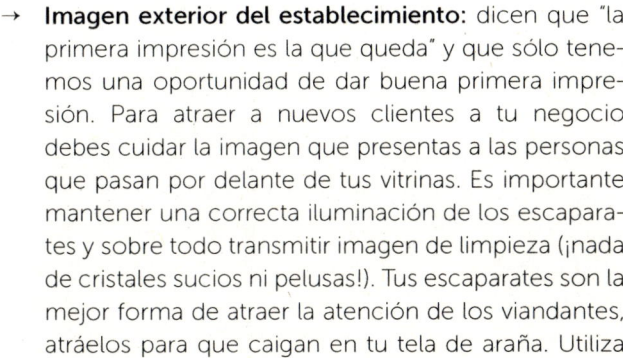

• La mejor forma de llamar la atención a nuevos clientes es a través del cuidado de la imagen exterior de tu tienda y apoyándote en la historia que cuentas en tus escaparates.

• Tan importante como captar nuevos clientes es mantener y fidelizar a los que ya tienes.

• Una buena forma de atraer y fidelizar clientes puede ser ofreciéndoles ventajas o descuentos pero no es la única.

• El conocer a tus clientes y sus hábitos de compra puede ser una buena vía de desarrollo de nuevas líneas de crecimiento para tu negocio (productos, diseño, imagen...).

Las tres principales vías para aumentar tu tráfico de clientes en tu negocio son:

→ **Imagen exterior del establecimiento:** dicen que "la primera impresión es la que queda" y que sólo tenemos una oportunidad de dar buena primera impresión. Para atraer a nuevos clientes a tu negocio debes cuidar la imagen que presentas a las personas que pasan por delante de tus vitrinas. Es importante mantener una correcta iluminación de los escaparates y sobre todo transmitir imagen de limpieza (¡nada de cristales sucios ni pelusas!). Tus escaparates son la mejor forma de atraer la atención de los viandantes, atráelos para que caigan en tu tela de araña. Utiliza

mensajes sugerentes y claros (sobre todo en periodos promocionales). El escaparate es tu tarjeta de
presentación principal a los ojos de tus posibles
clientes.

→ **Campañas promocionales:** la vía más directa para
atraer mayor número de visitas a tu tienda es a través
de la realización de acciones de descuento. Debes
tener en cuenta el impacto en el margen comercial
que tienen estas acciones y calcular cuál ha de ser el
retorno en ventas que necesitas para que este
aumento en tráfico sea debidamente aprovechado.
Existen multitud de campañas de este tipo:

• *Rebajas y Mid Season Sales:* en algunos sectores representan aproximadamente una tercera parte del ciclo comercial (textil, complementos...).

• *Promociones y descuentos:* acciones sobre algunos
artículos de la tienda que se utilizan como "gancho" para
atraer clientes que adquieran estos productos y además puedan llevarse otros que no estén en promoción.

• *Campañas de publicidad:* cualquier acción en medios tiene
como objetivo principal atraer clientes dentro del negocio.

• *Family&Friends:* este tipo de campañas suelen tener una
duración limitada de tres o cuatro días en los que las personas
que sean "invitadas" a través de un SMS, *mail* o invitación física
disponen de un descuento especial.

→ **Fidelidad:** tan importante como atraer nuevos clientes es retener y cuidar bien a los clientes actuales.
Los clientes fieles serán aquellos que compran en la
tienda de forma periódica. Son clientes que tienen tu
negocio en mente como opción prioritaria a la hora
de realizar sus compras. Para poder medir la fidelidad
de tus clientes necesitarás crear un fichero con los
datos de tus clientes habituales y hacer un seguimiento de las compras que van realizando.

04

—

Convierte a visitantes en clientes

«Puede que el cliente
no tenga siempre la razón
pero siempre es el que
compra y paga la cuenta.»

¿Sabes cuántos clientes han pasado hoy por tu tienda? Si lo sabes, dime cuántos se han marchado con algún producto o, por el contrario, cuántos han salido de tu tienda con las manos vacías. Este dato es muy importante para analizar la eficiencia comercial de negocio y la forma de saberlo es a partir de lo que se conoce como ratio o *tasa de conversión*. La tasa de conversión mide el aprovechamiento que obtienes del total de los clientes que han pasado en un determinado periodo por tu establecimiento y se calcula dividiendo el número de operaciones realizadas entre el número de clientes recibidos en ese determinado periodo y multiplicado por 100 para obtener un porcentaje.

Aproximadamente solo 15 de cada 100 personas que entran en una tienda textil acaban comprando; eso significa que 85 personas que las han visitado se han ido sin que lograran convencerles de que eligieran alguno de sus productos. ¿Ves ahora la cantidad de oportunidades que tienes de mejorar los resultados de tu negocio? Míralo desde la siguiente perspectiva: si lograran que 3 de esas 85 personas que acaban de marcharse de vacío compraran algún artículo podrían conseguir incrementar las ventas ¡en un 20%!

Existen varios factores que pueden afectar de forma exógena a la conversión de tu negocio:

1.- Promociones en tienda: la existencia de acciones promocionales además de atraer un mayor número de personas al interior del establecimiento trae consigo un incremento de las cifras de conversión; el producto se hace más atractivo al tener un precio menor.

2.- Entorno económico: en principio, la bajada de poder adquisitivo de los potenciales compradores no suele afectar al tráfico del negocio sino a la conversión del mismo; digamos que el cliente sigue visitando la tienda pero se hace mucho más restrictivo a la hora de tomar su decisión de comprar.

3.- Ubicación del local: habitualmente suelen presentar menores cifras de conversión aquellos establecimientos situados dentro de un centro comercial debido a que el cliente que frecuenta estos establecimientos tiene a su disposición muchos más locales en el propio centro y aprovecha su visita para entrar en las tiendas sin tener una especial intención de compra. Por su parte, aquellas tiendas que se encuentran fuera de un eje comercial suelen presentar mejores cifras de conversión (pero un tráfico sensiblemente inferior) ya que son "tiendas destino", es decir, las personas que visitan la tienda tienen una intención clara de compra y por eso salen del eje comercial buscando el producto de esa tienda. El secreto está en equilibrar buen tráfico con buena conversión.

4.- Productos: la conversión dependerá en gran medida de la línea de producto con la que cuente el establecimiento: en hostelería, la conversión suele ser muy próxima al 100% ya que las personas que entran en un restaurante suelen haber tomado la decisión de compra antes de entrar en el establecimiento. En el sector textil las tiendas con producto orientado al público femenino presentan tasas de conversión sensiblemente inferiores a las que están dirigidas al público masculino debido a que las primeras cuentan con una mayor competencia y los hábitos de compra de las chicas suelen ser diferentes a los de los chicos (ellas visitan más tiendas antes de tomar la decisión de compra que ellos).

5.- Ejecución de procesos operativos en tienda: cualquier actividad operativa que desarrolles en tienda afectará negativamente a la conversión de nuestro negocio. Inventarios, cambios de *merchandising*, recepción de mercancía... deben realizarse a ser posible fuera del horario de atención al público o, de no ser posible, en las franjas horarias de menor afluencia de clientes. Los motivos de este efecto negativo es que tus vendedores no estarán totalmente enfocados a la atención al cliente y el desorden en tienda (en un cambio de *merchandising*, por ejemplo) hacen también más complicado el autoservicio.

Cualquier estrategia de producto, precios u operativa debe ser valorada en términos de conversión. De nada nos sirve contar con un establecimiento que recibe muchas visitas si no somos capaces de sacarle partido a esas visitas.

He aquí unas pautas para poder mejorar la conversión de tu negocio:

→ **Presentar el producto de una manera atractiva y clara:** debes facilitar el acceso del cliente al producto. Los productos a la altura de la vista y de las manos está demostrado que son los que tienen más posibilidades de ser adquiridos. En el caso de productos con varias tallas, presenta siempre un surtido con todas las tallas para que el cliente pueda servirse por sí mismo. El orden y una adecuada cantidad de producto es determinante para hacerlo más atractivo a ojos del cliente. Un surtido deficiente de tus artículos resta atracción al cliente a la hora de comprar. Elimina producto en mal estado. Utiliza los elementos de cartelería para llamar la atención del cliente hacia los artículos en promoción. Salvo que vendas artículos de lujo, es conveniente marcar cada mercancía con su etiqueta de precio ya que eso facilita al cliente la decisión de comprar

Utilizar artículos gancho dentro de cada categoría de producto que den la opción al cliente de adquirir artículos con diferentes calidades y franjas de precio (por ejemplo, productos básicos en el textil, menús en la restauración o marcas blancas en la alimentación).

→ **Planificación de acciones operativas en tienda:** un cambio de *merchandising* en una tienda de ropa puede afectar en caídas de conversión de un 20% (y con ello, en la misma proporción en venta) con lo que es conveniente planificar con suficiente antelación cualquier acción que pueda afectar a la focalización de los equipos de venta en su misión principal que es el servicio al cliente. Valora la opción de realizar esas tareas fuera del horario comercial si es posible. Un almacén bien gestionado también facilita la realización de un surtido de producto ágil o localizar con rapidez una prenda que no está en ese momento a la venta (o falta de surtido).

→ **Excelente servicio al cliente:** dedicaremos especial atención a este punto un poco más adelante, pero está claro que una parte fundamental del éxito de la gestión y de los resultados de un negocio descansan en la ejecución de los procesos de venta por parte de los vendedores. Los clientes son el centro de atención de cualquier negocio orientado a la venta; debes proporcionar a tus clientes un trato profesional y amable que genere experiencias de compra positivas no solo para la compra actual sino también para futuras visitas. Lo que más valora un cliente es que el trato que recibe sea especial, que se sienta cómodo. El mejor ejemplo que conozco sobre este tema es el de los locales de Starbucks; ellos los denominan *the third place* (el tercer lugar) en referencia a la casa y el trabajo que son los otros dos lugares que frecuenta un cliente durante el día. El ambiente, la amabilidad y la imagen de tu negocio son buenos pilares para conseguir que tu cliente se sienta cómodo.

05

—

Aumenta el valor del ticket medio

«Despachar es darle al cliente
lo que pide; vender es lograr
que el cliente compre lo que
realmente quiere.»

Una vez que has conseguido que los clientes entren en mayor número en tu establecimiento y acaben consumiendo gracias a una esmerada atención comercial y/o a una cuidada y bien ejecutada estrategia de presentación del producto, toca conseguir que el importe de la compra sea lo más alto posible.

La lógica nos lleva a pensar que a menor precio, mayor cantidad está dispuesto a adquirir el cliente, con lo que existe una relación inversa entre precio medio y UPT (unidades por ticket). El objetivo será obtener la combinación óptima entre precio medio y UPT que maximice la cifra de ticket medio. Por eso los negocios que venden artículos con un precio sensiblemente más bajo fijan su estrategia en la mayor rotación de sus productos y, en el otro extremo, las tiendas o *boutiques* que venden prendas exclusivas piden un mayor precio por sus productos ya que no pueden repetir la venta de muchas unidades del mismo artículo.

Las dos principales vías para incrementar el importe de tu ticket medio son:

1.- Venta cruzada o *cross selling*: se centra en incrementar el número de distintos productos vendidos. Normalmente se suelen utilizar artículos complementarios al que adquiere el cliente. En este caso es importante la propuesta de exposición de los productos (presentados de forma conjunta a otro artículo) y la venta por impulso, por ejemplo en el momento del pago, al ser artículos que el cliente no espera adquirir y que suelen tener un precio sensiblemente inferior al artículo que sí venía buscando. Algunos ejemplos claros de este tipo de estrategias pueden ser:

• *snacks* en la sección de bebidas y refrescos de un hipermercado.

• *testers* de fragancia en la caja para que el cliente pueda probárselo directamente mientras efectúa el pago.

• promociones y/o artículos de primera necesidad (ropa interior, calcetines, baterías) en la línea de caja de hipermercados y cadenas textiles.

• proponer incorporar café o postre al final de una comida en un restaurante.

2.- Venta "de calidad" o *up selling*: basada en ofrecer un artículo de la misma familia de producto con unas mejores características que pueda proporcionarle al cliente una mayor satisfacción y esté dispuesto a pagar un precio superior por este artículo. En este caso el conocimiento de producto y las habilidades comerciales del vendedor son claves (detectar necesidades, explicar las mejores prestaciones del artículo de mayor precio, etc.). Ejemplos de esta estrategia serían:

• ofrecer artículos que están en la carta de un restaurante y no forman parte del menú (por ejemplo, el vino).

• explicar la calidad de los tejidos y la forma de elaboración de las prendas de mayor precio en un establecimiento textil.

 En resumen, las principales palancas sobre las que actuar para incrementar el ticket medio de tu negocio son:

→ ***Merchandising*:** la cuidada presentación del producto (imagen y cantidades de surtido del mismo) aumentan su poder de atracción y estimulan el deseo de compra en tus clientes.

→ **Acciones promocionales:** afectan a la bajada del precio medio pero hacen más atractivo el producto y sirven para incrementar el número de unidades adquiridas por el cliente.

→ **Comercialidad del equipo de ventas:** entendida como la capacidad de los vendedores para ofrecer propuestas adicionales o de mayor valor a los clientes.

06

—

Planifica
el éxito

«Si fracasas en la planificación estás planificando el fracaso.»

Lo mejor que puedes hacer para contar con una óptima planificación de los distintos procesos es un calendario -*retail calendar*- en el que sitúes todas las acciones comerciales y operativas que tienes pensado desarrollar en los próximos meses. En este calendario deberás incluir los periodos de rebajas, los cambios de *merchandising* y de escaparate, los lanzamientos de nuevos productos y las acciones promocionales. Es importante que en ese calendario incluyas también las acciones y operaciones desarrolladas el año anterior para que puedas también tener en cuenta el efecto que puede tener en ventas la diferencia de acciones promocionales entre los dos ejercicios.

Una vez tengas diseñado este calendario compártelo con tu equipo y señala los periodos "pico" (de más actividad en venta) y "valle" (los que se presuponen de menor actividad). De esta manera podrás administrar mejor los niveles de esfuerzo de tus vendedores y tenerlos al 100% de energía, con el equipo completo y descansados para las citas clave de la temporada. Habrá muchos momentos del año en los que, además de atender a los clientes, habrá otros trabajos necesarios que acometer al mismo tiempo. Estas prioridades pueden variar dependiendo del periodo de la temporada en la que te encuentres.

Entre todas las cosas que debes preparar antes de abrir las puertas de tu establecimiento incluye siempre la organización de tu equipo y una reunión con cada una de las personas antes de que empiecen su jornada de trabajo. Esta organización te ayudará a ti y a tu equipo a ser más eficientes. Cuenta también con la posibilidad de desajustes de última hora (bajas por enfermedad, doble reparto de cajas, avería de los equipos informáticos...) y ten previsto un "plan de emergencia".

Hay muchas acciones que se desarrollan en el negocio durante el día y es importante que todas ellas se pongan en marcha siguiendo una planificación y un orden concretos para que las probabilidades de éxito de todo el proceso comercial sean mucho mayores. Entre las principales debes tener en cuenta:

→ **Configurar tu calendario de ventas en función de los periodos clave del negocio:** es importante saber cuándo las ventas entrarán en periodos "pico" o "valle" y tenerlo en cuenta a la hora de recibir tu *stock* en tienda. Debe tenerse en cuenta el calendario de acciones comerciales del ejercicio corriente y del ejercicio de comparación para entender en muchos casos caídas o ascensos de tráfico significativos. La previsión de las distintas acciones facilita a tu equipo de vendedores la organización de las tareas y la planificación de recursos.

→ **Planificar las implantaciones de producto con la suficiente antelación y organizar a tus equipos de acuerdo a ello:** sabiendo que se debe hacer un cambio en la disposición del producto en una fecha concreta podrás organizar con suficiente antelación horarios, ordenar tus almacenes en función de los cambios de implantación o adelantar acciones como el remarcado o etiquetado de productos. Todo esto conduce a un menor número de errores en la ejecución final y a una mayor rapidez.

→ **Organizar la plantilla de vendedores: tienes que tener en cuenta también la planificación de las vacaciones** y descansos de tus vendedores y administrarlos de forma que continúes con suficientes efectivos en tienda en todo momento. También debes contar con que los equipos pueden ir cambiando a lo largo del año y pueden ir entrando y saliendo personas de ellos.

—

07

Fija unos buenos objetivos

«Elegimos ir a la Luna en esta década no porque sea fácil, sino porque es difícil. Porque esta meta, servirá para organizar y probar lo mejor de nuestras energías y habilidades. Un desafío que no estamos dispuestos a posponer y uno que pretendemos ganar.»

JOHN F. KENNEDY, *septiembre de 1962*

Un buen objetivo es aquel que se ve como un reto alcanzable, aunque con esfuerzo, en un espacio de tiempo concreto. Si tienes en cuenta todos estos aspectos, empezarás el camino hacia la consecución de tus metas con un mapa de la misión bien claro.

La fuerza de marcar objetivos radica en que te ayudarán a:

• Fijar claramente tu meta.

• Evaluar tus recursos y tus necesidades.

• Reflexionar sobre el compromiso y las acciones a llevar a cabo para lograr tu propósito.

La comunicación, como definición, es la acción de comunicar, de poner algo en común. Una de las principales competencias de un responsable de equipos de venta es su capacidad de transmitir y poner en común sus ideas y objetivos con sus vendedores. Es importante que en tu cabeza las ideas estén claras y que sepas a dónde quieres llegar pero es necesario que sepas hacer llegar esas ideas y tener la capacidad de que tus vendedores las perciban con la misma claridad que tú para que podáis alcanzar vuestros objetivos.

Las comisiones sobre cumplimiento de objetivos retadores pueden servir para estimular a los vendedores a vender más; en cambio, fijar comisiones basadas en ventas que son vistas como inalcanzables no ayudarán a incrementar las ventas. Por el otro lado, marcar unas comisiones de venta por cifras fácilmente conseguibles solo conseguirá aumentar las partidas de costes de personal de tu negocio de manera innecesaria.

→ **Te sugiero que hagas un planteamiento diario sobre los objetivos que quieres alcanzar y las diferentes opciones que tenéis para lograrlos y que lo compartas con tus vendedores.** Si les permites aportar sugerencias comprobarás que pueden aportarte nuevas propuestas para alcanzar esos objetivos; al compartirlos con ellos harás que vean esos resultados como propios y muchas veces te sorprenderás al ver como incluso proponen cifras mayores de las que tú habías imaginado. Esto es posible por la fuerza conjunta del compromiso y la diversidad de opiniones.

→ **Ten a tu equipo orientado hacia un objetivo claro,** compartido y concreto y comprobarás cómo el desempeño de tus vendedores en todos sus procesos de tienda y atención a sus clientes crece y crece. No te centres solamente en objetivos sobre cifra de ventas; marcad también objetivos de desempeño que lleven a hacer crecer la caja de forma indirecta. Puedes marcar el número de clientes que tienen que saludar, el número de unidades que deben surtir o el número de cajas de mercancía colocadas en el almacén. Lleva un seguimiento de la evolución de resultados que van acumulando durante la jornada y apoya y ayuda a aquellos que en ese momento están más lejos de alcanzar sus metas. De esta manera, tus vendedores notarán que están trabajando por unos retos individuales y colectivos y que cuentan con tu aliento y saber hacer para ayudarles a mejorar y convertirse en extraordinarios vendedores. De otra manera te verán como un simple capataz empeñado en presionarles para conseguir un objetivo que no consideran ni propio ni alcanzable.

→ **Debes tener cuidado a la hora de enfatizar en la consecución de los objetivos;** tan malo es excederse como quedarse corto. Ten en cuenta que si transmites excesiva importancia a la consecución de un objetivo a tus vendedores puedes llegar a influir en sus conductas y a olvidarse de la propia esencia del objetivo que estás buscando alcanzar. El mejor ejemplo es el de los vendedores que se agachan al pasar por la puerta de su negocio o los que tapan los contadores porque creen que así van a mejorar la conversión del negocio. Cuando un objetivo no está correctamente explicado y existen incentivos que actúan sobre él corres el riesgo de que pueda desvirtuarse.

→ **Estar focalizado en la consecución de tus objetivos te ayudará, sin duda, a que logres alcanzarlos.** La dispersión a la hora de fijar y pelear por tus objetivos puede ser una fuente de estrés y de frustración para tus vendedores. Definir unos pocos objetivos y focalizarte en ellos es una garantía de éxito.

Unos buenos objetivos deben cumplir con las siguientes características:

• **Medibles:** la meta a alcanzar debe ser un valor concreto. No sirve con decir "queremos seguir creciendo" o "una cifra mayor que el año pasado". Debes indicar la cifra que quieres lograr y, si es posible, superar. Además, el fijar un valor concreto y que pueda ser medido te servirá para comprobar cómo vas avanzando en la consecución de esa meta.

• **Alcanzables:** tus objetivos deben ser vistos por tu equipo como algo alcanzable; con esfuerzo, pero alcanzable. Si desde el primer momento el objetivo se toma como algo imposible de conseguir por parte de tu equipo, puedes dar por hecho que te quedarás a mitad de camino.

• **Retadores:** en consonancia con el punto anterior pero en el extremo contrario; si tu equipo ve el objetivo como muy asequible y fácil de conseguir sin esfuerzo puede existir relajación y falta de motivación para llegar a la meta. Podría ocurrirte como a la liebre de la fábula que acabó perdiendo la carrera con la tortuga por confiarse en exceso.

• **Temporales:** debes fijar un periodo concreto para alcanzar la meta. No es lo mismo decir que quieres llegar a unas determinadas ventas que decir que quieres hacerlo "antes del 31 de diciembre". Sin una fecha límite es más que probable que exista relajación y falta de claridad para tu equipo.

• **Específicos:** "queremos ser mejores" o "buscamos crecer" son objetivos muy poco específicos. Concreta claramente el objetivo a alcanzar y defínelo de forma que todo tu equipo sepa cómo, cuándo, dónde y qué deben hacer para lograrlo.

Es recomendable confirmar con los vendedores que las metas que se comparten con ellos cumplen con todos los criterios de un buen objetivo antes de empezar la misión y solucionar las posibles dudas antes de ponerse en marcha. Con claridad, esas metas les parecerán más alcanzables y pelearán por lograrlas.

 Ponte manos a la obra y céntrate ahora en las metas que te has propuesto alcanzar; coge lápiz y papel y contesta con tranquilidad a las siguientes cuestiones:

1.- ¿QUÉ OBJETIVOS QUIERES CONSEGUIR?

2.- ¿QUÉ CREES QUE NECESITAS PARA LOGRARLOS?

3.- ¿QUÉ VAS A HACER PARA CONSEGUIRLOS?

08

Mide los resultados

«Lo que no se define no se puede medir. Lo que no se mide, no se puede mejorar. Lo que no se mejora, se degrada siempre.»

LORD KELVIN

Un viejo proverbio del *management* dice que "lo que no se mide no se gestiona y no se puede mejorar". El mundo de los negocios se desarrolla en un ambiente de incertidumbre y debes tener siempre a la vista indicadores que te orienten en el proceso de gestión y saber si el proceso marcha tal y como habías pronosticado o si, por el contrario, existen desviaciones que debes afrontar a la mayor brevedad para poder lograr tu objetivo final en el plazo marcado. Además de tener claro el objetivo y de interiorizarlo, es necesario que dispongas de señales de confianza que te ayuden a alcanzar tus metas. Una vez estén claras y sean aceptadas como válidas, sigue esas señales hasta el final porque te llevarán directo a los resultados que buscas.

Las virtudes de un buen sistema de medición son:

→ **Se pone el foco en los indicadores claves** *(Key Performance Indicators)*: cuando vas conduciendo un coche, existen muchísimas funciones y operaciones que se llevan a cabo simultáneamente pero en el panel de control solo te fijas en un puñado de ellas que son las fundamentales en todo momento (gasolina, aceite, velocidad, luces, kilómetros recorridos). Fijarte en muchos más indicadores solo te serviría para distraerte mientras conduces y no te aportaría mucha más información relevante. Un cuadro de indicadores clave te dará, en cualquier momento, la información más relevante para tu negocio para que puedas tomar decisiones y sin distraerte con información menos importante. Estos indicadores pueden posicionarte en cada momento en la situación en la que te encuentras. Serán una especie de GPS de tu estrategia.

No caigas en el error de considerar un elevado número de indicadores que te hagan desenfocarte de lo realmente importante. Recuerda que todos los KPI son indicadores pero no todos los indicadores son KPI. Fija como indicadores clave, aquellos de los que puedes extraer información que realmente aporta valor a tu rendimiento y que te permitan tomar decisiones en procesos estratégicos.

→ **Ayuda a predecir el futuro:** es necesario distinguir entre los indicadores "de pasado" y los "de futuro". Los primeros se centran en medir los resultados al final de un periodo concreto sobre el que ya nada puedes hacer porque se refieren al pasado; los segundos se centran en medir las actuaciones intermedias que tendrán su incidencia sobre los resultados. Éstos tienen un carácter dinámico. Diseña indicadores de futuro para tu equipo y préstales tanta atención o más que a los que te dan resultados de lo ya conseguido. Siguiendo el símil del coche, para conducir tienes que estar atento tanto a tus espejos retrovisores como a la propia carretera. Conducir atendiendo solo a los espejos no vas a llegar muy lejos.

→ **Aporta información relevante para la toma de decisiones:** cualquier acción que emprendas en tu tienda tiene que tener una medición aparejada para que tengas de manera instantánea un *feedback* concreto de tus aciertos y tus errores. Acometer acciones sin saber su resultado es, a mi entender, una pérdida de tiempo y un riesgo excesivo.

Incorpora a tu negocio *el ciclo de Deming* como proceso de mejora continua. El ciclo consta de cuatro fases:
- Planificar
- Hacer
- Controlar
- Ajustar

09

Dale acción
a tu plan

«Un buen plan de acción
empieza por decidir lo que
quieres tener y termina
cuando tienes lo que quieres.»

Cuentan que a un sultán de un reino oriental le regalaron un halcón. Después de muchos intentos baldíos para lograr que el halcón volara, el sultán ofreció una importante recompensa a quien hiciera volar a su halcón. Un extranjero logró hacer que el ave volase y ante la pregunta del sultán sobre la técnica que había utilizado el extranjero éste le respondió: "Simplemente le tuve que cortar la rama en la que estaba apoyado".

A veces es necesario que perdamos la comodidad de la rama a la que nos agarramos con fuerza para ponernos en movimiento. Piensa, por unos instantes, cuáles pueden ser las ramas a las que te agarras para ponerte en acción.

Atribuyen a Confucio la frase "me lo contaron y lo olvidé; lo vi y lo entendí; lo hice y lo aprendí". Todas las teorías son buenas si producen resultados, si no serán sólo teorías y tu negocio no vivirá de palabrerías sino de hechos consumados. Pasar a la acción supone ponerse al frente de la nave y fijarse retos concretos y alternativas para lograrlos. Supone el ser consciente de que muchas veces podrás equivocarte pero que incluso al "no hacer" ya estás decidiendo hacer algo.

Para comprobar los resultados de tus estrategias debes pasar a la acción y asumir riesgos y consecuencias. La valoración de todas las posibilidades es positiva pero nunca caigas en la "parálisis por el análisis" porque uno de los factores que priman en la competitividad de los negocios hoy en día es la rapidez y la agilidad ante los entornos cada vez más cambiantes. Puedes realizar más estudios, nutrirte de más datos, solicitar consejos... pero antes o después tienes que decidir. Olvídate de encontrar las respuestas perfectas a todos tus interrogantes. Dirigir es un arte precisamente por eso, porque no es posible cuantificarlo todo y tu creatividad y tu capacidad para decodificar cada situación serán claves para alcanzar buenos resultados.

Tu negocio exige dinamismo, eso no quiere decir que se hagan las cosas con prisas y a lo loco, pero tampoco puedes caer en la pasividad. Por eso, la previsión y la anticipación pueden servir para evitar que un problema te paralice cuando ya has iniciado el camino, pero tampoco pueden hacerte caer en la previsión excesiva que te impida ponerte en marcha. El profesor Steel, autor del libro *La ecuación de la procrastinación* y máxima autoridad en la materia, indica que el 95% de las personas dilata sus acciones en mayor o menor medida y que hasta un 20% lo hacen de manera crónica. En su ecuación incluye tres factores que intervienen cada vez que decides aplazar tus acciones:

• **Impulsividad**, o la predisposición a valorar en mayor medida las necesidades inmediatas por encima de los planes a largo plazo.

• **Expectativas**, o confianza en alcanzar el objetivo (a mayor confianza, mayor predisposición a *procrastinar*).

• **Valor**, o placer que nos produce realizar la tarea (a mayor placer, menor *procrastinación*).

Olvida tus miedos, decide cambiar, no te centres en tus problemas, céntrate en las posibles soluciones, verás que tu perspectiva cambia, que comienzas a ver esas dificultades desde una perspectiva mucho más positiva, y te activarás para pasar a la acción. No basta con saber, debes también saber hacer.

Las acciones que implementes pueden llevar consigo un cambio en tus hábitos actuales. Al principio, cambiar tus hábitos será un tanto incómodo porque tendrás que superar resistencias tanto internas como externas. Si quieres cambiar debes habituarte a cambiar de hábitos. Los hábitos son, por definición, actos o comportamientos que repites de manera continua e inconsciente. Son aprendidos —no nacemos con ellos ni son fruto de la genética— y para que se formen en tu cerebro requieren que las acciones que los desencadenan se repitan varias veces. Los hábitos también ayudan a que tu cerebro ahorre energía y pueda concentrarse en otras nuevas acciones.

Estudios en Neurociencia han descubierto que los hábitos se forman en nuestro cerebro debido a que nuestras neuronas se van agrupando fruto de nuestros deseos o necesidades. Esta agrupación de neuronas se consolida a través de la mielina, una sustancia que van desprendiendo como consecuencia de la repetición de la acción. Esto es por lo que, cuantas más veces repites una acción, mucho más probable es que se consolide el hábito. Los expertos dicen que es necesario repetir la acción hasta 21 días seguidos para consolidar un hábito sencillo y hasta un mínimo de 24 semanas para hábitos más complejos como pueden ser los cambios de actitudes.

Pasar a la acción te llevará a salir de tu "zona de confort", esa burbuja que te has ido construyendo con tus creencias y en la que te sientes tan cómodo. Estoy de acuerdo en que no es fácil salir de ahí pero todas las posibilidades de crecer están fuera. Salta a la cancha a conseguir lo que te propones. No salgas a intentarlo porque intentar es el primer paso de no hacer. Intentándolo encontrarás excusas, haciéndolo obtendrás resultados.

¿Cuáles son las características de un buen plan de acción?

→ **Foco en pocos objetivos:** céntrate en aquellos que realmente marquen la diferencia y recuerda utilizar la máxima MARTE (medibles, alcanzables, retadores, temporales y específicos).

→ **Profundidad:** dota a tu plan de acción de la mayor riqueza de supuestos y recursos posibles. Ten en cuenta que puede haber acciones que no salgan bien a la primera y que debes estar preparado por si es necesario poner en marcha el plan B. Cuanto menos campo dejes a la improvisación mejor.

→ **Seguimiento:** cuando el plan de acción carece de seguimiento pierde toda su fuerza; fija los periodos en los que vas a hacer las revisiones y los indicadores o señales que utilizarás para saber si el avance es adecuado en tiempo y forma.

 Párate ahora a reflexionar por un momento cuáles pueden ser las barreras que puedes encontrarte para poner en marcha tu plan de acción para incrementar las ventas de tu negocio y las posibles soluciones que se te ocurren para salvar esos obstáculos:

1.- ¿QUÉ BARRERAS PUEDES ENCONTRAR PARA LLEVAR A LA ACCIÓN TUS PLANES?

_____

_____

_____

2.- ¿CÓMO PUEDES SUPERAR ESAS BARRERAS?

_____

_____

_____

10

Sé consciente
de tus avances

«Igual de inconsciente
es el que no sabe nada de nada
como el que piensa que sabe
todo de todo.»

Implantaciones de producto, inventarios, recepción de mercancía, contratación de nuevos vendedores... Hay múltiples acciones que se desarrollan en tu negocio durante el día y ya has visto que es importante que todas ellas se desarrollen siguiendo una planificación y un orden concretos para que las probabilidades de éxito de todo el proceso comercial sean mucho mayores. Seguramente si te ocupas de gestionar varios puntos de venta y muchos vendedores, te resultará complicado acompañarlos a todos ellos y hacer un detallado seguimiento de la ejecución de todas las acciones operativas.

Todo tipo de *feedback* del que dispondrás será muy probablemente a posteriori y sin capacidad de reacción (visitas a tiendas, cifras de ventas, evaluación del *mistery shopper*...). Necesitas que, de alguna forma, les dejes claro a tus vendedores el mapa del camino que deben recorrer y que ellos puedan ir realizando la autoevaluación del proceso y comprobar si están realizando en orden y forma todos los pasos que les habías descrito.

El *checklist* o lista de verificación es un documento que describe una por una las tareas que se deben realizar. Por ejemplo, puede ser una guía rápida que te puede permitir identificar si tienes todos los materiales necesarios para acometer un determinado proceso en tu negocio.

Las principales ventajas del uso de estas listas de comprobación son:

- Promueven la **planificación** de las distintas tareas.
- Te ayudan a hacer un **seguimiento** de la evolución del proceso.
- Evitan olvidos a la hora de **implantar una acción** y los excesos de confianza.
- Conseguirás mayor **eficiencia** en los procesos y ahorrar tiempo en la ejecución.

• Puedes **delegar** las funciones de control y seguimiento de las acciones que describen dando autonomía a tu equipo.

Aunque te parezca que se trata de un elemento simple y poco sofisticado puede ayudarte muchísimo en tu trabajo. En las UCI es normal el uso de vías intravenosas para administrar medicación, las cuales pueden infectarse causando graves complicaciones. El Dr. Peter Pronovost de la Universidad de medicina Johns Hopkins de los Estados Unidos, sabedor de que en ciencia muchas veces la solución más sencilla es la mejor, recopiló un *checklist* de cinco pasos muy simples y, cuando esta lista se puso en práctica, las infecciones debido a vías intravenosas fueron prácticamente eliminadas, y lo más importante es que, en 18 meses, se salvaron más de 1.500 vidas. Los *checklists* hacen que la probabilidad de cometer un gran estropicio sea mucho menos probable.

También es vital medir los avances de tu equipo en sus labores de atención al cliente y conocer el nivel de satisfacción de éstos. La mayoría de estas observaciones se recogen por medio de la observación y podríamos clasificarlas en tres tipos:

• **Encuestas de satisfacción al cliente:** realizadas periódicamente a una muestra aleatoria de clientes. Miden, sobre todo, el nivel de servicio apreciado por el cliente en su experiencia vivida en la tienda y su disposición a volver a visitar el establecimiento y recomendarlo a sus redes personales o sociales. También se deben valorar la sugerencias y quejas de los clientes (dando la opción de que la muestren en un documento o "buzón de sugerencias").

• **Visitas y valoraciones de los responsables de ventas:** una visita de un responsable de equipos comerciales debe tener como objetivo principal proporcionar *feedback* a los vendedores sobre su desempeño en el trato con el cliente y en formar a aquellos vendedores con menores habilidades.

—

• *Mistery shopper* o **cliente misterioso:** valoración de una persona externa al negocio que realiza un proceso de compra completo entregando un informe completo de la ejecución comercial de los equipos de venta sobre su experiencia de compra. Se utilizan para disponer de una valoración objetiva de la calidad del servicio que prestan los equipos de venta. Una mejor atención al cliente está directamente correlacionada con unos mayores niveles de venta. Cada negocio debe establecer cuáles son los parámetros a medir en el informe de *mistery shopper* y cuáles son los estándares para evaluar. No sirve el mismo informe para medir el desempeño de los vendedores de una *boutique* de precio alto y orientada al servicio personalizados que para medir una tienda de precio bajo y mayor nivel de autoservicio. Quizás se puedan medir ítems similares pero la ponderación de los mismos será muy diferente. También debes tener en cuenta que cuanto mayor sea el número de informes que recibas sobre un mismo establecimiento mayor será la calidad de esa información. Como cualquier muestra, no es justo evaluar las miles de transacciones que se llevan a cabo en una tienda con un solo informe. Por ello es recomendable contrastar el resultado con las observaciones hechas en las visitas de los responsables de venta, los cuestionarios de satisfacción al cliente y las cifras de otros ratios como el crecimiento de ventas o la tasa de conversión.

Todos estos informes pueden recoger múltiples cuestiones aunque básicamente deben incluir los siguientes apartados:

• **Estado general del establecimiento:** limpieza, imagen, presentación del producto, escaparates, música.

• **Acogida al cliente:** el saludo es clave para comenzar una relación con una persona que nos visita.

• **Indagación:** detectar necesidades de compra en el cliente; qué necesita, para qué necesita lo que está buscando, para quién es. Entender las necesidades del cliente abre opciones a un mejor servicio. El cliente no busca productos sino satisfacer necesidades a través de productos.

• **Información:** acompañar y ayudar al cliente a satisfacer sus necesidades ofreciendo los productos que mejor pueden adaptarse a lo que está buscando dentro de la gama de productos del negocio.

• **Detección de nuevas necesidades:** una vez satisfecha la necesidad principal del cliente podemos detectar nuevas posibilidades de venta complementarias a la principal que incrementen el valor de la venta.

• **Cierre y despedida:** como cualquier relación entre personas, el cierre es la última ocasión para transmitir una sensación positiva en el cliente que abra la puerta a una próxima visita.

 A principios de la década de 1970, Richard Bandler y John Grinder, los fundadores de la PNL (Programación neurolingüística) observaron que existían tres características que compartían las personas que obtenían resultados excelentes:

→ **Sabían perfectamente lo que querían lograr:** saben establecer objetivos precisos, medibles y alcanzables y pueden representarlos internamente mediante imágenes, sonidos o sensaciones.

→ **Eran flexibles y abiertos al cambio:** sus conductas, lenguaje y conducta interior se adapta para ampliar el número de opciones para alcanzar sus objetivos.

→ **Son conscientes de sus avances en la consecución de sus objetivos:** percibían de manera sensorial las respuestas propias y de los demás para saber si se estaban acercando al objetivo.

11
—

Vende con los cinco sentidos

«Tus clientes pueden olvidar
lo que les has dicho pero
siempre recordarán lo que
les has hecho sentir.»

Los estudios que se centran en el comportamiento del consumidor nos dicen que hoy en día tendemos a ver cada vez más la actividad de la compra como un momento de ocio y de disfrute. Ten en cuenta todos los sentidos para influir positivamente en el comportamiento del cliente. Cualquier estímulo sensorial puede incitar al cliente a quedarse más tiempo en tu negocio o a abandonarlo sin compra. La probabilidad de compra aumenta en proporción al tiempo que consigas que el cliente permanezca dentro de tus instalaciones.

Los avances en Neuromarketing afirman que el 95% de las decisiones de compra se toman en la parte emocional del cerebro. La memoria a largo plazo también juega un papel importante porque la experiencia de un cliente es creada a base de sentimientos y emociones asociados con un producto o servicio que recordará por mucho tiempo. Si esa emoción es repetida con frecuencia, reforzará la asociación inicial. Si logras crear sentimientos positivos en tu cliente, lo fidelizarás; si cometes un error lo perderás y difícilmente podrás recuperarlo. Muchos vendedores y marcas cuando quieren vender pasan directamente a enumerar características y ventajas de sus productos y toda esa información va dirigida al neocórtex, que es la parte del cerebro que realiza análisis lógicos, pero si no consigues estimular al cerebro emocional del cliente no conseguirás realizar la venta. Luego, el principal objetivo con tus clientes deja de ser cerrar ventas para pasar a ser abrir relaciones.

Muchas cadenas utilizan un mismo perfume o ambientador para todas sus tiendas para generar sensorialmente a sus clientes una imagen de uniformidad. Respecto a la música, deberás escoger la selección en base al *target* de clientes que tengas. El volumen también tiene importancia en relación con el mismo criterio. Como en el caso del aroma, si perteneces a una cadena de tiendas, deberías compartir la misma selección de música y el volumen de la misma uniforme en todos tus establecimientos.

Por último, ten en cuenta que incrementarás las probabilidades de que el cliente compre un producto si puede tocarlo (tacto) y probárselo. Como clientes, nos gusta tocar las cosas, tenerlas en nuestras manos, sentir el tacto que tienen y ver cómo nos quedan puestas. La experiencia de compra es, pues, totalmente sensorial y debes jugar con todos los sentidos para atraer y retener (recuerdo de una experiencia positiva anterior) a tus potenciales clientes.

Lo primero que observa un cliente es la fachada, los escaparates y la puerta de tu tienda. En función de distintos estímulos, en este caso visuales, el cliente decidirá si cruza la puerta o si continúa su paseo por la calle o el centro comercial buscando otras opciones que le puedan atraer más. Recuerda que solo tendrás una única oportunidad de crear una buena primera impresión.

 Empezando desde el exterior de tu negocio debes cuidar lo siguiente:

→ **Puertas siempre abiertas:** salvo que tengas un negocio elitista en el que busques la discreción para tus clientes, la puerta debe estar siempre abierta, eliminando obstáculos al cliente para que entre dentro de la sala de ventas.

→ **Correcta iluminación y limpieza:** revisa los focos y sustituye los que están fundidos –especial atención a los de tus escaparates– y las marañas de polvo y las telarañas no son un buen reclamo para los clientes.

→ **Orden:** ordena la mercancía y evita que se amontone y transmita una mala percepción de tus productos (esto puede ser más habitual en establecimientos de ropa).

12

**Facilita
la compra a
tus clientes**

«El objetivo del marketing es conocer y entender tan bien al consumidor que el producto o el servicio se adapte a él como un guante y pueda venderse por sí solo.»

PETER DRUCKER

Las estrategias de *merchandising* y la capacidad de conectar con las emociones y sensaciones del cliente hace que las decisiones de éstos se vuelvan ligeramente irracionales durante el proceso de compra. El 50% de las compras que realizamos son compras impulsivas. El *merchandising* sirve para hacer diferentes propuestas y combinaciones de productos para que el cliente pueda ver una demostración de ese producto. En las tiendas de ropa se suelen hacer cambios de exposición y escaparates cada tres semanas de forma que el cliente pueda ver distintas opciones en sus distintas visitas a la tienda durante la temporada.

La presentación del producto es importantísima y por eso debes hacer la exposición lo más atractiva posible para tu potencial cliente. Para que esa exposición siga manteniendo fuerza es necesaria una continua labor de mantenimiento colocando de nuevo los productos y, sobre todo, asegurando que los surtidos de cada referencia son lo suficientemente amplios como para que el cliente pueda servirse por sí mismo. Te aconsejo que planifiques dos o tres momentos de revisión de surtido al día; por ejemplo, puedes hacer uno antes de la apertura o al cierre del día anterior y otro al comienzo del turno de tarde. Si notas que tienes algún producto que empieza a agotarse y no puedes presentar una propuesta lo suficientemente amplia a tus clientes es mejor que sustituyas ese producto por otro con mayor profundidad de surtido. Está demostrado que una correcta sensación de riqueza de producto y el orden en la colocación atrae la atención de los clientes.

A pesar de las dotes comerciales que puedan desplegar tus vendedores y de su excelente trato y amabilidad con los clientes, existen personas a las que les gusta moverse con libertad por tu tienda sin que nadie les aconseje ni les invite a comprar nada. También hay muchos momentos en los que la afluencia de clientes es tan amplia que es prácticamente imposible darles atención a todos ellos. En este tipo de situa-

—

ciones, es cuando decimos que la tienda "vende por sí misma" y donde entran en juego otra serie de elementos para conseguir que tu cliente acabe llegando a la caja con algún producto.

Si tus clientes no buscan la atención de tus vendedores, dales entonces todas las oportunidades posibles de que se sirvan ellos mismos. El cliente solitario, ése que no quiere que nadie le moleste mientras pasea por tu tienda, también tiene que recibir ayuda comercial aunque no sea a través de la conversación con tus vendedores. Este tipo de clientes necesita mensajes claros, no quiere conversación pero necesita información como los demás clientes e incluso más. Al no querer tomar contacto con los vendedores, es muy probable que si no encuentran el artículo que están buscando, directamente desistan de realizar la compra

Para que tu negocio aumente su capacidad de vender puedes trabajar a través de estas palancas:

→ **Merchandising**: la presentación del producto es clave para llamar la atención del cliente dentro del establecimiento. Una exposición atractiva, clara y sugerente es determinante para que el cliente se anime a adquirir uno de tus productos.

→ **Comunicación gráfica:** a través de los distintos carteles y *displays* de la tienda puedes hacer llegar mensajes impactantes al cliente que no quiere o no puede ser atendido por uno de tus vendedores. Es el complemento ideal para la siguiente palanca.

→ **Surtido adecuado de producto:** disponer de distintas opciones de productos, tallas, colores, tamaños... suficientes a la vista del cliente hace que pueda servirse por sí solo y de manera cómoda y fácil.

—

13

Gestiona tu mercancía

«El buen vendedor encuentra
productos para sus clientes,
los demás buscan clientes para
sus productos.»

Los clientes entran en tu negocio buscando productos que puedan satisfacer sus necesidades. Cuando llegan, se encuentran cientos de opciones colocadas de forma que les resulten atractivas. Cada día sale mercancía de tu establecimiento en las bolsas de tus clientes que son sustituidas por las nuevas remesas de producto que recibes continuamente. Cualquier proceso operativo que ejecutes en la tienda en horario comercial dificultará la focalización de tus vendedores en la atención de los clientes ¿De qué forma puedes aumentar tu eficiencia en el proceso de recepción de nuevas existencias? Una buena opción es organizar los horarios de tus vendedores de forma que puedan dar entrada a la mercancía en los sistemas informáticos de la tienda y abrir las cajas antes de que el punto de venta abra sus puertas al público.

El proceso de la recepción de la mercancía y su posterior alta en el sistema informático de gestión de *stock* es vital para poder llevar una correcta gestión de la mercancía. Una parte muy importante de las diferencias de inventario que se producen en tu negocio son debidas a errores en el momento de la recepción.

Los dos errores más frecuentes en la recepción de mercancía son:

• No dar de alta la mercancía en los sistemas informáticos, con lo cual "no existen" oficialmente. Cuando hagas la toma física de inventario te "sobrarían" esas prendas.

• Dar de alta la mercancía más de una vez, con lo que se supone que tienes en tu tienda más mercancía de la que realmente has recibido. La diferencia de prendas por este error irá directamente a pérdidas en la cuenta de explotación de tu negocio.

Cada vez más, las empresas comerciales ajustan sus pedidos de mercancía y la entrega de la misma para tratar de evitar los riesgos financieros de los excesos de compra. Tan perjudicial puede ser para el negocio tener un exceso de *stock* que lleve a tener que rebajar precios, y con ello sufrir penalización en el margen, como no contar con suficiente mercancía -lo que se conoce como "rotura de *stock*"- y dejar de vender e incluso arriesgarse a la pérdida de clientes por no poder satisfacer sus demandas. Por ello es importante llevar en todo momento un control detallado del *stock* con el que cuentes en tus almacenes para saber si te mueves o no en los niveles óptimos de mercancía. Para ello deberás:

→ **Identificar los periodos estacionales de ventas:** configura tu calendario de ventas en función de los periodos clave para tu negocio. Es importante saber cuándo las ventas entrarán en periodos "pico" o "valle" y tenerlo en cuenta a la hora de recibir tu stock en tienda.

→ **Planificar los periodos de compra y de recompra de mercancía:** el proceso de compra es clave para la buena marcha de tu negocio. Mantener volúmenes de stock altos trae consigo asumir costes de almacenamiento y financieros por adquirir unos productos que corremos el riesgo de no vender en su totalidad. Dejar cantidades abiertas para la compra —esta estrategia de compras se conoce como *open to buy*— que ajusten tus pedidos a la realidad de la demanda. De esta forma podrás ajustar tus pedidos y eliminar costes innecesarios.

→ **Estrategias comerciales:** la forma de equilibrar el *stock* de mercancía -sobre todo cuando sea excesivamente alto- será a través de estrategias comerciales (precios, promociones, *merchandising*...) que logren estimular la venta de los artículos con cifras de coberturas excesivas.

14

Fideliza
a tus clientes

«El secreto no es tratar al
cliente como a ti te gustaría
que te trataran sino como a
él le gusta que le traten.»

Uno de los objetivos estratégicos de tu negocio debe ser conseguir clientes fieles que te tengan continuamente en su mente cuando necesiten comprar alguna de las variedades de artículos que ofreces. Esta fidelidad por parte del cliente te asegura mantener con ellos una comunicación mucho más directa y, lo más importante de todo, crear vuestra propia comunidad y generar valor de marca. Una de las categorías que miden los estudios de mercado para predecir el estado de salud presente y futuro de una compañía comercial es el "recuerdo de marca". Es decir, dentro de tu mercado cuáles son las primeras marcas que recuerda un cliente a la hora de empezar a pensar en realizar su compra. Los clientes quieren pertenecer a comunidades que les aporten aquellos valores que se identifiquen con los suyos o los que andan buscando.

Para empezar a crear un nuevo club debes realizar una captación en la propia tienda, informando a tus clientes de las ventajas de las que podrán disfrutar por ser socios. El mejor momento para esta captación puede ser el momento en el que el cliente está realizando el pago. Normalmente se le suele entregar en ese mismo momento la tarjeta de fidelidad y a partir de entonces comienza una relación que tiene que ser ventajosa para ambas partes. Una buena base de clientes fieles y el mantenimiento en el tiempo de esa base puede ser valiosísima cuando haya problemas de afluencia en el negocio ya que te permitirá enviarles mensajes directos que les animarán a volver a visitarte. Debes aprender también a hacer uso de las nuevas tecnologías de la información y crear un grupo de seguidores en las redes sociales. De esta forma, también amplías tus bases de datos y también se genera con más fuerza el tema de la comunidad entre todos los que participan en ese grupo.

Los clientes de tu club serán magníficos prescriptores de tu marca y promocionarán tu negocio entre sus contactos. Si cuidas bien a tus clientes más fieles estarás sembrando la semilla para ampliar tus resultados en el futuro. Según los datos que manejo de las empresas de distintos sectores con las que colaboro, el valor de las compras que realizan los clientes-socios sobre el total superan el 40% en valor o lo que podría ser lo mismo, cuatro de cada diez euros vendidos provienen del club de socios. También sé que este tipo de cliente, además de visitar el negocio con mayor frecuencia, adquiere en sus compras un número mayor de unidades y un importe de compra por ticket sensiblemente superior al del resto de clientes. Con estos datos, coincidirás conmigo en que debes cuidar muy bien a ese colectivo tan importante de tus clientes y comenzar a buscar vías para hacer crecer tu club con el mayor número de afiliados posible. Puedes pensar en infinidad de cosas con las que puedes premiar a tus clientes *top* por su fidelidad a tu negocio. Lo importante es que ellos vean también por tu parte un reconocimiento y un incentivo por pertenecer a una marca que les valora.

 Alguna de las estrategias que puedes poner en práctica dentro de tu negocio son:

→ **Ventajas económicas:** ofrecer descuentos adicionales a los que existían, anticipar el periodo de rebajas en exclusiva o acumular descuentos en cada compra.

→ **Eventos:** invitarles a participar en presentaciones, fiestas o concursos pensados especialmente para ellos para premiar su fidelidad.

→ **Compartir información:** mantenerles al corriente de las últimas novedades, información y tendencias.

15

Incorpora
promociones

«Cuando se trata de dinero todos somos de la misma religión.»

VOLTAIRE

Todo evoluciona y los periodos comerciales no iban a ser la excepción. Si nos referimos al mundo de la moda, hasta hace unos pocos años había dos campañas principales (verano e invierno) con sus dos correspondientes periodos de rebajas. Debes estar abierto a nuevas opciones de gestión de tus estrategias para obtener mayor rentabilidad y adaptarte a los nuevos ciclos comerciales para sacar provecho de ellos.

Está claro que un negocio no puede basarse en continuas políticas de descuento pero los nuevos hábitos de consumo y los cambios en los ciclos comerciales han traído consigo la aparición de nuevas formas de promocionar el producto.

Las más habituales pueden ser éstas:

→ **Mid season sales** (rebajas de mitad de campaña): desde hace unos años cada vez son más los establecimientos que utilizan un periodo de aproximadamente un par de semanas a mitad de la campaña para liquidar esos productos con menor rotación. Estas minirebajas de mitad de temporada suelen afectar a un porcentaje de mercancía que ronda el 25% de la tienda y tienen además un efecto atracción de clientes que vienen buscando ese descuento y que debes aprovechar para presentarles de forma atractiva el producto que no tiene descuento.

→ **Family&Friends** (familia y amigos): esta promoción ofrece descuentos a todos aquellos clientes que acudan a la tienda con el correspondiente documento (*mail*, SMS, folleto) de la promoción. La duración de este tipo de promociones se restringen a un periodo breve de tiempo (2 o 3 días) y a las personas a las que se les invita a esta promoción que suelen ser los socios del club y los familiares y contactos de los propios vendedores. Por mi propia experiencia, este tipo de campañas puede incrementar en un

20% el tráfico de clientes en la tienda y con ello la facturación durante ese periodo. Este tipo de acciones también es un buen momento para premiar y diferenciar a tus clientes VIP (empleados y socios).

→ **Marketing viral**: en la actualidad tienes muchas opciones de conectarte con una vasta cantidad de personas con el único coste de tu imaginación. Tienes a tu alcance nuevas tecnologías en las que puedes apoyarte para amplificar tu mensaje: mensajes a través del teléfono móvil, blogs, redes sociales como Facebook o vídeos en YouTube pueden ser posibles caminos que puedes emprender para dar a conocer tu marca, tus productos o algunas de tus promociones. Steve Jurvetson acuñó en 1997 el término marketing viral para describir la práctica de marketing de Hotmail en aquel entonces. La principal ventaja de esta forma de promoción consiste en su capacidad de generar interés en una gran cantidad de posibles clientes a un bajo coste. Crea un mensaje novedoso, original o divertido si quieres que aumente la *viralidad* de tu mensaje y, sobre todo, crea una buena historia que llame la atención de los que reciban el mensaje y que les motive a compartirlo con todos sus contactos. Pon a funcionar tus neuronas y busca presentaciones de impacto para compartir en las redes y hacer crecer tu notoriedad de marca y olvida para siempre que sin dinero no puedes hacer una buena campaña de promoción.

16

Busca nuevas oportunidades

«No sobreviven las especies por ser más fuertes o más rápidas; se perpetúan aquellos que se adaptan mejor a un entorno en constante cambio.»

CHARLES DARWIN

Además de la crisis de los últimos años, existen varias circunstancias que han hecho cambiar el paradigma del mundo de los negocios en la actualidad. La mayoría tienen que ver con la aparición y la extensión del uso de internet y de las nuevas tecnologías que han ocasionado los siguientes efectos en el mundo del comercio:

• El cliente dispone ahora de mucha más información que antes sobre los productos que quiere comprar; algunas veces incluso más de la que dispone el propio vendedor.

• La competencia ya no es a nivel local sino a nivel global. Cualquiera puede comprar un producto en cualquier punto del planeta con un solo *click*.

• Desarrollo del canal de venta *on line* que nos abre las puertas a la posibilidad de comprar desde nuestras casas sin necesidad de vendedores ni tiendas físicas.

Una de las principales entidades financieras del país para la que he estado trabajando recientemente estimaba que un 75% de sus clientes no visitan las oficinas bancarias en todo el año y más del 80% de toda su clientela utilizan ya los servicios de banca por internet. Ante esta situación, la figura del vendedor del siglo XXI debe incorporar algún valor añadido al proceso de compra de sus clientes porque de no adaptarse al nuevo paradigma podría tener los días contados.

Si quieres propiciar una organización orientada hacia la innovación y la generación de nuevas ideas, pon en práctica los siguientes consejos:

→ **Aprende de los errores:** reconoce los errores y los fracasos y aprende de ellos, en lugar de buscar culpables a los que castigar por su falta. El miedo, la culpa o el castigo son los peores enemigos de la creatividad. Repasa cada resultado con tu equipo y analiza las causas que creas que han causado que el resultado haya sido diferente al esperado y plantea nuevos escenarios para el futuro.

→ **Elimina el miedo a equivocarte:** supongo que la aversión de muchas compañías y directivos hacía el error tenga algo que ver con un aspecto cultural ya que en otras culturas (por ejemplo, Estados Unidos) está mejor aceptado el equivocarse e incluso se considera como una condición positiva en una persona el que haya intentado acometer varios proyectos en los que no haya alcanzado el éxito porque es una demostración de coraje y perseverancia. Permítete a ti y a tu equipo la posibilidad de equivocarte y trabaja en eliminar el miedo al error que te llevará a la pasividad. Mi máxima es que vale más hacer algo mal y equivocarse que esperar a que otros decidan por mí. Probando puedes acertar y si te equivocas tendrás interiorizada la experiencia para poder mejorarla en una siguiente ocasión. El que no hace nunca se equivoca pero tampoco aprende.

→ **Fomenta la proactividad:** debes poner el foco en buscar soluciones en lugar de darle vueltas al problema. Promueve en tu equipo que las personas pasen a la acción aunque exista la posibilidad de equivocarse y no conseguir el resultado deseado. Si das confianza a esas personas proactivas a medio o largo plazo acabarán aportando buenas ideas o soluciones. Si en un colegio de primaria preguntas a los niños sobre cualquier tema, obtendrás las manos levantadas de la mayoría de ellos, si repites este ejercicio entre adultos te sorprenderás de que muy pocos levantan su mano por temor a equivocarse. Tienes que conseguir que tus vendedores tengan la frescura de un niño para hacer sus aportaciones y la madurez y sabiduría de un adulto para reconocer sus errores y aprender de ellos.

17

Consigue el compromiso del vendedor

«El verdadero líder es aquel que logra que, alcanzadas las metas, su pueblo diga nosotros mismos lo hemos conseguido.»

LAO TSÉ

La empresa del siglo XXI ha revelado el protagonismo de una figura principal: las personas. Este protagonismo se está acentuando porque vivimos circunstancias de cambio que jamás se habían dado antes en la historia. Las organizaciones actuales se enfrentan a un entorno híper-competitivo, donde la tecnología se halla al alcance de todos, donde la copia y mejora de productos y servicios por parte de otros es una constante, y donde el cliente cada vez tiene más información y es más consciente de su poder de elección. Por ello las empresas que tendrán un éxito duradero lo lograrán básicamente por un factor principal: las personas que las componen.

La responsabilidad más grande del líder del siglo XXI es generar una atmósfera donde las personas puedan liberar el talento que lleven dentro, la creatividad, las soluciones a problemas, las ideas y el entusiasmo. Ni el entusiasmo, ni la lealtad, ni la implicación se compran: se ganan. ¿Y cómo se puede ganar todo esto, que ya es imprescindible? Cambiando y mejorando el modelo de dirigir personas, de liderar y emergiendo la figura del *líder-coach*.

El modelo del líder-coach aplicado a tu negocio

Un estudio sobre más de 400 organizaciones realizado por la consultora Gallup destapó hace varios años que, aproximadamente, un 70% de los trabajadores están insatisfechos con sus superiores. Mejorar estas cifras representa un impacto directo en la satisfacción de los equipos de venta y con ello en los resultados del negocio. Existen múltiples propuestas que definen cuál debe ser el estilo de liderazgo óptimo para obtener los mejores resultados; en mi caso la propuesta del buen líder se basa en los siguientes puntos centrales:

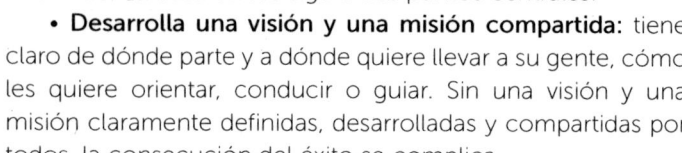

- **Desarrolla una visión y una misión compartida:** tiene claro de dónde parte y a dónde quiere llevar a su gente, cómo les quiere orientar, conducir o guiar. Sin una visión y una misión claramente definidas, desarrolladas y compartidas por todos, la consecución del éxito se complica.

- **Genera ambientes de confianza:** en una sociedad como la actual, y más en un sector tan dinámico como el del comercio, la rapidez a la hora de actuar es vital y no puede permitirse el lujo de pagar el fuerte peaje de la desconfianza. El mayor problema de la ausencia de confianza en las organizaciones es la aparición de la duplicidad de controles y con ello la ralentización de movimientos.

- **Capacidad de escucha:** además de saber escuchar lo que oye el buen líder sabe escuchar el silencio (lo que no nos dicen). Para dominar este "arte" debe esforzarse en conocer a las personas. Su forma de ser, su carácter, sus inquietudes,... Tiene que esforzarse por conocer a las personas para que el proceso de comunicación sea fluido.

- **Guía a las personas usando el corazón:** el éxito de una organización está centrado en el conocimiento que reside en las personas; luego orientar la organización según este paradigma pasa por confiar en las personas y por compartir niveles de responsabilidad a través de la delegación. El reto del líder pasa por ganarse el respeto de su gente y conseguir que las personas le sigan por su propia voluntad y no por su posición jerárquica. En pocas palabras, debe esforzarse en enseñar y en servir al conjunto.

La *International Coach Federation* (ICF) define el *coaching* como "una relación profesional continuada que ayuda a obtener resultados extraordinarios en la vida, profesión, empresa o negocios de las personas. Mediante el proceso de *coaching*, el cliente profundiza en su conocimiento, aumenta su rendimiento y mejora su calidad de vida". En los últimos años he podido comprobar la inmensa fuerza que puede tener gestionar a los vendedores acompañándoles en la búsqueda de la obtención de sus objetivos profesionales.

En tus conversaciones con tus vendedores debes, sobre todo, mantener tus oídos bien abiertos y orientarles hacia la consecución de sus objetivos a través de tus preguntas y observaciones; de esta forma conseguirás motivar al vendedor para que actúe y tome decisiones en búsqueda de alcanzar sus metas. También te recomiendo que este tipo de conversaciones se desarrollen cuando hayas logrado con el vendedor un clima de confianza en el que se sienta confortable para aportar sus propias sugerencias y metas. Para generar ese clima de confianza es fundamental elegir convenientemente el lugar donde se desarrollará la conversación con tu vendedor; a mí me resulta muy efectivo salir de la propia tienda a una cafetería cercana o incluso conversar mientras paseamos. Descarta el uso del teléfono para este tipo de conversaciones y, por supuesto, mantenlo apagado mientras hablas con tus vendedores. Cualquier interrupción puede romper la sintonía entre tú y tu colaborador que merece la atención plena durante el tiempo que dure vuestro encuentro.

El *coaching* toma como punto de partida la situación inicial y se centra en lo que el vendedor esté dispuesto a hacer para lograr sus propósitos. En ese camino contará con tu apoyo y respaldo. A través de mi experiencia he comprobado que el vendedor se ve más estimulado a actuar cuando las propuestas surgen por su parte que cuando ven las instrucciones como una orden.

Existen varios tipos de conversaciones dentro de la aplicación del *coaching* en el punto de venta, como las que se realizan dentro del propio equipo de tienda, las que realiza un supervisor de zona de manera periódica o la reunión diaria anterior a la apertura con todos y cada uno de los vendedores. La base de estas sesiones serán los indicadores o KPI. La comunicación es bidireccional y debes asegurarte de que el vendedor disponga de, al menos, el 60% del tiempo de palabra.

Para mejorar los resultados de tu negocio tu modelo de liderazgo debe cambiar; de juzgar a un vendedor por lo que ha hecho, pasar a considerar lo que podría llegar a hacer. El modelo del *líder-coach* se fundamenta en tres pilares básicos:

→ **Tomar conciencia:** de qué estamos haciendo, cómo lo estamos haciendo, y ayudando a empleados y compañeros a que ellos tomen conciencia de su situación actual.

→ **Fomentar la responsabilidad personal:** uno es dueño de sus resultados y responsable de sus decisiones.

→ **Generar confianza:** la premisa es que las personas son dignas de esta confianza, como punto de partida. Si esta confianza en ellos no es percibida por las personas en la empresa, olvidémonos de lealtades y de que se comprometan para conseguir los resultados que se les exigen.

18
—

Motiva a tus vendedores

«Si quieres construir un barco,
no empieces por buscar
madera, cortar tablas o
distribuir el trabajo.
Evoca primero en los
hombres y mujeres el anhelo
del mar libre y ancho.»

ANTOINE DE SAINT-EXUPÉRY

En el siglo XXI ya no funciona el truco de "la zanahoria y el palo" para conseguir que las personas estén motivadas. Las personas necesitamos algo más que un mero incentivo económico o la amenaza de un castigo para dar lo mejor de nosotros mismos. Como señala Dan H. Pink en su libro *La sorprendente verdad sobre qué nos motiva*, hay cientos de estudios que demuestran que la existencia de incentivos en la mayoría de los trabajos hace que disminuya la productividad ya que las personas ponen el foco en el premio/castigo y pierden la perspectiva de todo lo demás.

El mismo Pink señala que las tres mayores fuentes de motivación para una persona hoy en día son:

• **Autonomía:** la necesidad de dirigir nuestras vidas.

• **Maestría:** la necesidad de hacer las cosas cada vez mejor en un asunto relevante.

• **Propósito:** la necesidad de hacer lo que hacemos por un propósito mayor que nosotros mismos.

Tus vendedores, como tu, trabajan por dinero pero, por si no te habías dado aún cuenta, el salario es tan sólo uno de los incentivos que estimulan a las personas de las organizaciones actuales -no el único- y ni siquiera es el más importante en la mayoría de los casos. Ante la sorpresa de algunos incrédulos que piensan que los seres humanos somos simples mercenarios que "solo se mueven por comisiones de venta", el porcentaje de personas que valoran el salario como principal motivación para trabajar ronda el 30%, quedando un 70% para otra serie de factores más intrínsecos como:

• La relación con sus compañeros (opción mayoritaria).

• Las posibilidades de promoción.

• El reconocimiento.

• La flexibilidad de horario.

• La relación con superiores.

Por supuesto, no voy a tomar como cierto el resultado de unas cuantas encuestas realizadas a unos cientos de vendedores... salvo que coincidan con los resultados que en 1959 publicó el psicólogo norteamericano Frederick Hertzberg en su estudio conocido como *Teoría de los dos factores*, en la que clasifica los factores motivacionales en dos grandes grupos:

• **Higiénicos:** salario, relaciones con compañeros, condiciones laborales, estabilidad, ambiente físico...

• **Motivacionales:** formación, promoción, reconocimiento, logro, etc.

La principal conclusión de este estudio es que, si los factores higiénicos que recibe la persona son insuficientes, se genera insatisfacción y, lo que es más importante, no son fuente de satisfacción a largo plazo. Por su parte, los factores motivacionales ayudan a aumentar la satisfacción de las personas en presencia de los niveles básicos de factores higiénicos. Pensar que solo puedes incentivar a tus vendedores a través de mayores comisiones o premios en metálico significa estar desaprovechando esfuerzos y medios -en ocasiones, más económicos- más efectivos para que puedan sentirse más motivados y con ello aportar esfuerzos extra.

Otra de las formas de generar motivación dentro de tu negocio es a través de la correcta delegación de responsabilidades entre los componentes de tu equipo. En cualquier libro de *management* o liderazgo encontrarás, sin duda, mucha información sobre el arte de delegar. Compartir responsabilidades puede abrirte las puertas a ser el gran líder que tus vendedores necesitan. Éstos son algunos puntos de mi cosecha a añadir sobre la delegación:

• **Delega responsabilidades en lugar de tareas:** dale la oportunidad a la persona a la que transmites responsabilidad de tener iniciativa y tomar decisiones sobre cómo llevar a cabo la tarea. No utilices la delegación para quitarte de en medio aquellas tareas que tú no quieras llevar a cabo y además ordenar cómo quieres que se ejecuten.

—

• **Fija fechas o cantidades concretas sobre el proyecto delegado:** olvídate de frases como "cuando puedas", "lo primero que te sea posible", etc. Marca objetivos y vencimientos concretos y elimina malos entendimientos en la evaluación de los resultados.

• **Provee los medios necesarios para llevar a cabo el proyecto:** una vez definas el proyecto y los resultados a obtener, solicita siempre a tu vendedor las necesidades de recursos que tiene para acometer el proyecto.

• **Respalda y apoya pero no intervengas:** una vez hayas delegado un proyecto y la responsabilidad sobre el mismo tienes que acompañar y ayudar siempre que te soliciten ayuda pero evita intervenir de manera directa para no restar autoridad sobre el proyecto a la persona a la que se lo has delegado.

• **Felicita y reconoce el esfuerzo y los buenos resultados:** una vez haya finalizado el proyecto reconoce el esfuerzo de la persona en la que delegaste y nunca te pongas medallas que no te corresponden. En el caso de fracaso del proyecto asume tú la responsabilidad

Existen muchos estudios que confirman que uno de los principales ingredientes para aumentar la motivación es el reconocimiento y que existe una correlación positiva entre reconocimiento y rendimiento. Seguro que te resulta fácil señalar los errores y aquello que no se ajusta a lo que habías pedido a tus vendedores; desde pequeño te han educado de esta forma y ya desde el colegio te han enseñado a rodear con un círculo rojo aquellas cosas que "no están bien". Por ello, como responsable de tu equipo de vendedores, te invito a que pruebes a dejar descansar el bolígrafo rojo y te esfuerces en "pillar" a tus vendedores haciendo las cosas bien. Posiblemente, al principio te resulte un poco más complicado porque estás acostumbrado a ver las cosas desde otro prisma y te cueste felicitar a un vendedor que en su valoración ha alcanzado un 90%. Tranquilo, hasta ahora te habías enfocado en el 10% que tenía que mejorar y debes adaptarte. Será cuestión de tiempo y de constancia pero al final los resultados mejorarán mucho más y de forma más rápida recompensando que criticando. Reconocer el trabajo bien hecho no hace que olvides que hay un porcentaje de mejora y que, por supuesto, trabajes con tus vendedores sobre cómo pueden alcanzar el 100%. Se trata de un tema de prioridades: elogia y reconoce primero y señala los aspectos a mejorar después.

En cualquier manual, ya no de *management* sino de buenas maneras, encontrarás la regla que dice que cuando tengas algo que reconocer lo hagas en público y que cuando tengas alguna acción que corregir debes hacerlo de manera privada. A nadie nos gusta que se hagan públicos nuestros defectos o que nos utilicen como ejemplo de malas acciones. Ten en cuenta las dos reglas siguientes a la hora de dar reconocimiento:

1. Regla de oro: trata a los demás como te gustaría ser tratado.

2. Regla de platino: trata a los demás como a ellos les gustaría ser tratados.

En tus visitas a tienda busca siempre alguna acción de cada vendedor por la que tenga que ser reconocido. Todos hacemos alguna cosa bien y, por lo general, hay muchas cosas por la que puede ser reconocida una persona. Por último, te sugiero que en tus *mails* o comunicaciones con tus vendedores incluyas siempre alguna acción a destacar y que sorprendas con asiduidad a alguno de tus vendedores con una comunicación positiva elogiando una buena ejecución delante de sus compañeros. Quizás sea ésta la inversión con mayor retorno en resultados (ROI) de las que puedas emprender como responsable de un equipo de vendedores.

19

Clarifica
las prioridades

«Cuando antepones lo
urgente a lo importante estás
avanzando más deprisa hacia
ninguna parte.»

No tengo tiempo! Es una bonita excusa, pero ya no cuela... El verdadero problema no es la falta de tiempo sino la falta de criterio para saber qué hacer con el tiempo. *Getting Things Done* (GTD) es un método de gestión de las actividades y el título de un libro de David Allen, experto en la gestión del tiempo. El método de GTD se basa en el principio de que una persona necesita liberar su mente de las tareas pendientes guardándolas en un lugar específico. De este modo, no es necesario recordar lo que hay que hacer y se puede concentrar en realizar las tareas. Allen afirma que se trata de un sistema sencillo y útil para mantener nuestras tareas controladas y organizadas, descargándonos de estrés y permitiendo que mantengamos la mente ocupada en lo que realmente interesa y hacer cosas en lugar de pensar en lo que tendríamos que estar haciendo. Solo hay una cosa peor que pensar que no tienes suficiente tiempo: no tener tiempo suficiente para pensar.

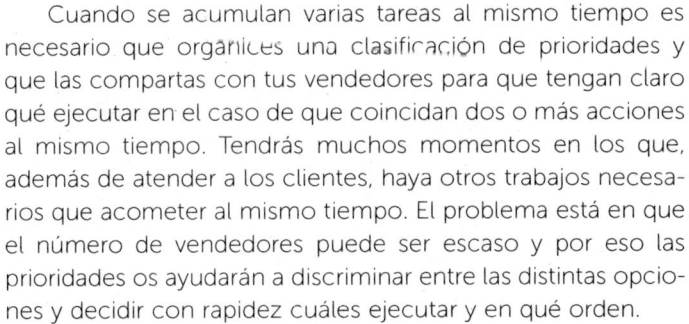

Cuando se acumulan varias tareas al mismo tiempo es necesario que organices una clasificación de prioridades y que las compartas con tus vendedores para que tengan claro qué ejecutar en el caso de que coincidan dos o más acciones al mismo tiempo. Tendrás muchos momentos en los que, además de atender a los clientes, haya otros trabajos necesarios que acometer al mismo tiempo. El problema está en que el número de vendedores puede ser escaso y por eso las prioridades os ayudarán a discriminar entre las distintas opciones y decidir con rapidez cuáles ejecutar y en qué orden.

La principal característica de una clasificación de prioridades es que te permite actuar en automático cuando aparezcan las situaciones de crisis. Por lo tanto, una vez se han acordado y decidido cuáles son las acciones prioritarias en la tienda y el orden jerárquico entre ellas, no proceden discusiones ni debates que únicamente llevan a pérdidas de tiempo que es, precisamente, lo que tratas de evitar fijando esas prioridades.

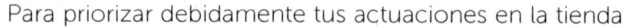

Para priorizar debidamente tus actuaciones en la tienda:

→ **Ten en cuenta el periodo de la temporada en el que estás:** las prioridades pueden variar dependiendo del periodo de la temporada en la que te encuentres. Es diferente, por ejemplo, el periodo de rebajas en el que lo más importante puede ser tener la tienda bien surtida para que los clientes puedan tener suficiente producto a su alcance. En ese caso la prioridad será la reposición continua de mercancía desde el almacén. En otros periodos de menos tráfico de clientes seguramente decidirás que la prioridad número uno sea la atención personalizada a cada cliente. También puedes organizar tus prioridades en función de las tareas previstas para toda una semana. Posiblemente tengas algunas tareas que se repiten periódicamente (por ejemplo, recibir mercancía) y de esa forma puedes planificar tu clasificación de prioridades al principio de cada semana.

→ **Discrimina entre urgente e importante:** te recomiendo que, a la hora de fijar tus prioridades no te dejes llevar siempre por las urgencias y tengas también en cuenta las acciones que son más importantes aunque menos urgentes; al final, éstas serán las que te llevarán a conseguir tus resultados y no debes dejarlas de lado por atender otras acciones menos importantes.

→ **Comparte el listado de prioridades:** asegúrate de que todos los vendedores de tu equipo tienen claro el listado jerárquico de prioridades en cada momento y recuérdales que es mejor hacer una cosa bien que dos o más al mismo tiempo y mal.

20

Invierte
en formación

«Mis mejores maestros no fueron los que me enseñaron todo lo que sabían sino aquellos que me ayudaron a descubrir todo lo que yo sabía.»

Una pieza fundamental para ofrecer un excepcional servicio a tus clientes es contar con vendedores que estén capacitados para desarrollar su función comercial. El coste de un vendedor capacitado y con ganas de vender es el mismo que el de otro que no sabe o que no quiere vender porque le falta formación o motivación. Cuanto más preparados y motivados estén tus vendedores, mejores cifras de venta lograrán cobrando prácticamente el mismo salario.

Existen dos vías para hacerse con vendedores excelentes:

• Los procesos de **selección e incorporación** de nuevos vendedores.

• La **formación** y actualización continua de los vendedores que forman ya parte del equipo de ventas.

Otro factor a tener en cuenta es la polivalencia del vendedor. Una persona con capacidades más amplias puede desempeñar distintos puestos dentro del equipo y eso genera equipos mucho más flexibles en cuanto a horarios y menos dependientes de una o unas pocas personas.

En cuanto a la formación podemos distinguir entre:

→ **Formación inicial:** la que recibe el vendedor en el momento de su incorporación al equipo. Es importante que se familiarice rápido con todo lo que tenga que ver con el producto (codificación, líneas, precios...) y con los procedimientos básicos (almacén, caja, atención al cliente...). Es muy importante que en esa formación inicial transmitas los aspectos clave de la cultura y los valores de la organización y que dediques suficiente tiempo a formar a las nuevas incorporaciones. Un buen *Manual de bienvenida*, un manual de procedimientos detallado y actualizado y, sobre todo, los propios vendedores del establecimiento son las tres bazas clave de una buena formación inicial. Conviene que dediques especial atención al momento de incorporación de los nuevos vendedores y para ello:

• Recibe personalmente (o en su caso el responsable de la tienda) a la nueva persona, de manera positiva y dedicándole al 100% el tiempo que estés con ella.

• Preséntale al resto de miembros del equipo.

• Enséñale las instalaciones (vestuarios, baños, almacén, tienda...).

• Clarifica el tiempo y contenido de su plan de acogida.

• Asígnale una persona que haga de "tutor" durante las primeras semanas.

• Clarifica todas las dudas sobre temas como las condiciones de contrato y todas aquellas dudas que pueda tener antes de comenzar a trabajar.

→ **Formación técnica:** relativa al producto y sus características; mayor conocimiento del producto significa conocer las cualidades clave que pueden hacer tus productos más atractivos que los de la competencia. También ayuda al vendedor a disponer de mayor número de herramientas para asesorar mejor al cliente. Tu negocio está en continua evolución debido a la llegada de nuevos productos, nuevas colecciones, tendencias... limitar la inversión en formación puede traer consigo caídas en ventas por no ofrecer al cliente una correcta exposición de las principales características de los productos.

→ **Formación en habilidades de venta:** estará centrada en el correcto desarrollo de las fases de venta (acogida, detección de necesidades, ofrecimiento, cierre) y serán particulares de cada tipo de negocio. Es importante adaptarlo al tipo de clientela y producto para que los resultados que se logren sean los mejores.

21

Usa el S.O.S.
con tus clientes

«Para vender, pocas cosas hay
tan serias como la sonrisa.»

Veíamos anteriormente que la función del *coach* es acompañar a su cliente en el proceso de obtener lo que este último desea. En ese proceso, el *coach* hace uso de herramientas como las preguntas poderosas o la escucha activa que ayudan a fomentar la conciencia y la responsabilidad de su cliente para que sea éste quien decida cómo y cuándo quiere avanzar hacia sus objetivos. Desde mi punto de vista, creo que lo que se entiende por *coaching* es muy parecido a lo que realmente ocurre en la relación entre cliente y vendedor durante un proceso de venta. La clave de todo este argumento radica en tener claro que tus clientes no compran tus productos o servicios sino que compran según ellos se imaginan cómo se sentirían si tuvieran realmente esos productos.

El proceso que habitualmente observamos en una tienda se parece mucho más a un ejercicio de *mentoring* o consultoría en el que un supuesto experto (el vendedor) asesora y trata de influir sobre sus clientes incitando a éstos a realizar una compra. No estoy diciendo que una experiencia y un buen conocimiento de tus productos no vaya a servirte para mejorar tus ventas pero es importante tener presente que el cliente siempre acaba comprando lo que quiere comprar y no lo que tú le quieras vender. Por eso te decía anteriormente que la verdadera función de un vendedor no es tanto vender como la de ayudar al cliente a comprar. Suele decirse que a todos nos gusta comprar y a nadie le gusta que le vendan.

Un proceso de *coaching* individual suele constar de unas ocho o diez sesiones de una duración de, más o menos, hora y media; habitualmente, una parte muy importante de la primera sesión se dedica a generar sintonía con el cliente. Está claro que tú no vas a disponer de tanto tiempo para generar esa sintonía y confianza en tu primera relación con tus clientes pero te propongo cambiar el lánguido *¿en qué te puedo ayudar?* por una nueva e impactante forma de conectar con tus clientes:

1.- Saluda a tu cliente tan pronto entre dentro del establecimiento: utiliza el saludo que te parezca mejor y con el que te sientas más confortable a la hora de recibir y acoger a tu cliente. Muchas cadenas *retail* como Apple, Abercrombie & Fitch o Hollister o la misma Disney cuentan con personas que se dedican exclusivamente a saludar y recibir a sus clientes como el maître de un restaurante con estrellas Michelin.

2.- Contacta visualmente con tu cliente: realiza tu saludo sonriendo y mirando a los ojos de tu cliente (salvo que trabajes con clientes orientales a los que mirarles a los ojos puede ser tomado como un gesto de falta de respeto) de una manera natural y mantén fija tu mirada por unas décimas de segundo. Si no estás habituado a esta práctica estas décimas de segundo pueden volverse eternas pero es solo cuestión de práctica eliminar esta sensación. Una vez hecho esto pueden darse dos situaciones:

• *El cliente te dice que quiere dar una vuelta por la tienda y ver el producto que tienes:* en cualquier caso has creado una conexión y en el momento que pueda necesitar tu ayuda ese cliente se acercará a solicitártela.

• *El cliente mantiene la mirada y te devuelve la sonrisa* (recuerda que aproximadamente en un 50% de las veces ocurrirá esto). Si esperas un instante, tengo comprobado que la mayor parte de las veces el cliente pasará a la acción realizándote una pregunta que será el primer paso para entablar una conversación con él si no puedes dar tú el primer paso.

Simple pero no sencillo. Interiorizar este proceso puede llevar tiempo y requiere de práctica y perseverancia.

El código S.O.S. se adoptó en 1906 como la señal de alarma universal de los barcos que solicitaban ayuda en alta mar. La razón de adoptar este código fue porque usando el lenguaje inventado por Morse se lograba pedir auxilio de una manera rápida e inconfundible (tres puntos, tres rayas y tres puntos). Haciendo uso de mi interpretación de este código, te asegurarás de que tu mensaje le llegue alto y claro a tus clientes y lograrás generar una sintonía y una primera predisposición a la compra en tu establecimiento:

→ **S de Saludo:** algunas empresas tienen sus propios saludos personalizados ("Bienvenido a...", por ejemplo). Yo creo que el saludo puede ser un simple "Hola" o un "Buenos días" o alguno similar con el que te sientas confortable. Si es un saludo forzado y repetido mecánicamente el cliente lo percibe como si fueran las sonrisas enlatadas de un mal programa de humor de la tele que nadie se cree. Lo importante es que haya un saludo; seguro que como cliente has notado que saludar es algo que no se estila en muchos de los comercios que frecuentas. Hay vendedores que se excusan ante la falta de saludo diciendo que no lo hacen porque los clientes no se lo devuelven. El cliente no está obligado a saludar, pero está ampliamente aceptado como norma de buena conducta en nuestra cultura que cuando alguien llega a tu casa o, en este caso, a tu tienda reciba un saludo, ¿no te parece?

→ **O de Ojos** (contacto visual): en la cultura occidental, el conectar a través de la mirada se percibe como un gesto de apertura y de atención hacia la otra persona (prueba a hacer el ejercicio de hablar delante de varias personas y pídeles que no te presten atención y me cuentas cómo te sientes). Jean Paul Sartre comentaba que el contacto visual es lo que nos hace real y directamente consciente de la presencia de otra persona como ser humano. Cuando los ojos de dos personas se encuentran se nota una clase especial de entendimiento entre ellas. Nuestra mirada transmite, a su vez, muchos mensajes que pueden estar ocultos en nuestras palabras e incluso podemos detectar si una persona está mintiendo a través de los movimientos de sus ojos.

→ **S de Sonrisa:** la sonrisa es una de las expresiones universales y significa una emoción positiva en todas las culturas, como reflejan los estudios del experto en el análisis de emociones Paul Ekman. La sonrisa se reconoce inmediatamente, y somos capaces de distinguir entre una sonrisa genuina y una falsa con un alto grado de exactitud. Sonreír y recibir una sonrisa afecta a la gente en un amplio número de aspectos, incluyendo efectos neurológicos, físicos, emocionales y sociales. Las sonrisas genuinas incrementan los sentimientos positivos entre los individuos y son importantes en muchas situaciones sociales. Sonreír se considera un factor importante para crear lazos de unión entre las personas e incrementa el efecto positivo de la presencia de un individuo tanto en extraños como en conocidos. La sonrisa generalmente es aceptada como señal de que todo está bien o que la persona que sonríe está interesada en una interacción pacífica. Estos efectos hacen que sonreír sea un componente básico en la comunicación interpersonal.

Sonreír favorece las relaciones sociales y facilita hacer nuevos amigos; por otro lado, hace que se liberen endorfinas en el cerebro, reduciendo el estrés y causando sentimientos placenteros. Las sonrisas sinceras envían un mensaje a las demás personas de que se puede confiar y trabajar con nosotros. En varios estudios se ha demostrado que confiamos más en las personas que sonríen y que aproximadamente el 50% de las personas responde a una sonrisa con otra sonrisa.

22

Genera confianza

«La confianza se tarda años en
construir, segundos en
destruir y siglos en recuperar.»

El cliente puede necesitar asesoramiento por parte del vendedor para decidir cuál es el producto que más le conviene o que más se adapta a lo que estaba buscando. Una de las características que define al buen vendedor es la honestidad frente al cliente a la hora de asesorar. Si en alguna ocasión te topas con algún vendedor en tu equipo que vende "lo que sea", "como sea" y a "quien sea" recuérdale que la fidelidad a la marca se cocina a fuego lento y en el caldo de la honestidad y la credibilidad.

La fidelidad y la lealtad de tus clientes sólo puede construirse a partir de confianza que deposite en ti, en tu conocimiento del producto, de las tendencias y en tu credibilidad como vendedor. Trabajar según este método puede hacer que avances un poco más despacio que tus competidores, pero avanzarás con paso mucho más firme y contarás con una cartera de clientes y una imagen de marca personal como vendedor que hará que tus clientes te sigan como al flautista de Hamelin.

El buen vendedor es el que ayuda al cliente a comprar lo que el cliente quiere comprar. No es el que induce nuevas necesidades a sus clientes sino el que, a través de la conversación de venta, ayuda al cliente a que termine detectando cuáles son sus necesidades y cómo puede satisfacerlas. El cliente no compra el producto por sus características sino por el beneficio que obtiene aparejado a las características del producto. Es importante que logres saber cuál es el fin último que el cliente está buscando.

El buen vendedor no es el que tiene todas las respuestas sino el que sabe hacer las mejores preguntas para que el cliente determine claramente lo que quiere comprar. Un buen vendedor *coach* sigue la *regla del 80/20* y dedica un 20% de la conversación a hablar y hacer preguntas dejando el resto del tiempo para que el cliente sea el protagonista. El vendedor debe ser consciente de que tiene dos orejas y una boca para escuchar el doble de lo que habla.

Todo el conocimiento que tengas sobre tu producto será inútil si no sabes con exactitud qué estaba buscando el cliente. Hay muchos vendedores que piensan erróneamente que desplegando todo lo que saben sobre el producto les servirá para convencer mejor a sus clientes. Una cosa es ser un vendedor competente y otra es abrumar al cliente y no escuchar atentamente cuáles son sus necesidades. Vender no tiene que ver con tu ego sino con poner al cliente en el centro de la venta; vuelvo a repetir que él debe ser y sentirse el protagonista en todo momento.

Tan importante como saber preguntar es saber escuchar. Al cliente le gusta sentirse escuchado y comprendido y por eso debes diferenciar entre oír y escuchar. Para oír a tu cliente necesitas solamente tus oídos; para escuchar, además de tus oídos, necesitarás estar en silencio tanto externa como internamente y concentrarte en lo que tu cliente te quiere transmitir. Saber escuchar es sin duda una de las cualidades imprescindibles con las que debe contar un buen vendedor. El máximo nivel de escucha se produce cuando el vendedor es capaz de analizar de forma profunda las palabras del cliente desde la perspectiva del propio cliente y sin que medien juicios propios del vendedor. Algunas acciones del vendedor que pueden limitar los niveles de escucha son:

• Llevar la contraria, dar soluciones no pedidas o querer imponer su propia visión.

• Pensar en lo que va a contestar antes de que el cliente termine de argumentar.

• Lectura de mente o anticiparse a lo que el cliente nos va a decir o pedir.

• Interrumpir al cliente mientras está hablando.

Sin duda el error más común de un vendedor que no escucha correctamente es querer hablar en primer lugar, exponiendo sus argumentos sin centrarse en lo que el cliente le puede transmitir a partir de hacerle una buena pregunta. Estoy convencido de que el mayor potencial de mejora en la acción de un vendedor está relacionada con habilidades propias de la comunicación. Es increíble el poder que puede tener una buena pregunta y una correcta escucha a la hora de comprender las necesidades del cliente y poder ofrecerle el servicio que está buscando.

Además de todo esto, has de lograr que durante la conversación con el cliente te sientas conectado y en armonía con él. Esto es lo que en el argot del *coaching* y de la PNL se conoce con el concepto de *rapport*. Está científicamente demostrado que solemos relacionarnos mejor con aquellas personas a las que nos parecemos más o tenemos mayor número de cosas en común. Cuanto más logres asemejarte a tu cliente mayores probabilidades tendrás de tener una fructífera relación. El objetivo de establecer el *rapport* con el cliente es que primero puedas adaptarte a tu cliente para mantener una comunicación más fluida, como un camaleón que se adapta a los cambios en su entorno, para luego poder dirigir la comunicación una vez se haya realizado el acoplamiento mutuo.

Para que el cliente pueda abrirse y entablar una conversación contigo es necesario que puedas transmitirle confianza. La confianza es como un banco que se asienta sobre tres patas:

→ **La sinceridad:** el mensaje que transmites a tu cliente debe ser percibido por éste como creíble, honesto y verdadero. Albert Mehrabian, profesor de la Universidad de UCLA, llevó a cabo experimentos sobre actitudes y sentimientos y encontró que en ciertas situaciones en que la comunicación verbal es altamente ambigua, solo el 7 por ciento de la información se atribuye a las palabras, mientras que el 38 por ciento se atribuye a la voz y el 55 por ciento al lenguaje corporal. Por tanto, en nuestra comunicación con el cliente es tan importante o más lo que decimos como la forma en la que lo decimos. También se ha demostrado que los seres humanos somos altamente capaces para descubrir la incoherencia entre el mensaje verbal y el no verbal y eso limita la confianza entre las personas.

→ **Credibilidad:** la confianza se va construyendo en base a experiencias pasadas. Acostumbro a decir en mis formaciones que la confianza es un muro que construyes con mucho esfuerzo ladrillo a ladrillo pero que luego puede derribarse de un solo mazazo. Los clientes fieles y habituales son la mejor baza para hacer crecer tu credibilidad tanto con ellos como otros clientes a los que transmiten sus recomendaciones basadas en pasadas experiencias de compra contigo.

→ **Competencia:** un buen vendedor debe contar con amplios conocimientos sobre el producto que vende. Ha de estar preparado para resolver todas las cuestiones que plantee el cliente durante el proceso de compra. Esto supone estar continuamente actualizado y formándose e informándose sobre productos y tendencias del mercado. Ahora que los cambios se producen a la velocidad de la luz es muy fácil quedarse desactualizado si no dedicas parte de tu tiempo a esta tarea. El cliente que solicita la ayuda o el consejo de un vendedor requiere que éste le aporte soluciones y para ello es indispensable contar con las competencias necesarias para ello.

23

Asume la responsabilidad del resultado

«La responsabilidad te
hace dueño de tu destino;
la falta de ella hace que el
destino sea tu dueño.»

Ser el protagonista de tu propia película te da el poder de crear tu propia suerte, de fijar tú el rumbo de la nave y de aprovechar el viento, venga de donde venga, orientando las velas hacia donde a ti te interese. No cometas el error de dejar que los demás tomen decisiones por ti para evitar la responsabilidad. Michael Jordan define su carrera profesional con una frase que se ha hecho célebre: "He fallado más de 9.000 tiros en mi carrera. He perdido casi 300 juegos. 26 veces han confiado en mí para tomar el tiro que ganaba el juego y lo he fallado. He fracasado una y otra vez en mi vida y eso es por lo que tengo éxito." Para el que asume su responsabilidad no existen errores, solo aprendizajes.

Estoy muy habituado a encontrarme con personas que buscan todas las explicaciones de sus problemas fuera de ellas y que se sienten impotentes para dar respuesta a esas situaciones. Se flagelan con problemas que creen que no está al alcance de su mano resolver y se regodean en su pena buscando un consuelo que no les servirá para nada.

- Ser responsable significa hablar en primera persona del singular.
- Ser responsable es tener habilidad para dar respuestas a lo que te está pasando.
- Ser responsable supone tener la libertad para decidir lo que vas a hacer sin que nadie te fuerce a hacerlo.
- Ser responsable significa depender solo de ti.
- Ser responsable no tiene que ver con quién es o dónde está el origen del problema sino en asumir la responsabilidad frente al problema.
- Ser responsable supone tener claro que las cosas pasan, tú interpretas cómo pasan y, finalmente, decides qué haces con lo que pasa.

Para muchos autores, la PNL es considerada como el estudio de la excelencia humana ya que está formada por una serie de herramientas útiles para el desarrollo personal modelando los procesos funcionales humanos y la excelencia en general. Me he inspirado en los principales postulados de esta disciplina para escribir el decálogo del vendedor responsable y que hace fácil vender más:

1.- El mapa no es lo mismo que el territorio: las personas percibimos una parte de la realidad a partir de nuestros sentidos y filtramos esas percepciones en función de nuestras creencias, valores y experiencias. El mapa de cada persona es diferente y el vendedor necesita comprender el mapa de su cliente para hacer más efectivo el proceso de ventas.

2.- Si una persona puede hacer algo, todos pueden aprender a hacerlo: como vendedor debes trabajar con los propios límites que te impongas porque pueden reducir tus probabilidades de éxito. Que no te veas capaz de hacer algo no quiere decir que no puedas aprenderlo de otros.

3.- No existe el fracaso sino resultados de los que podemos extraer aprendizajes: no todas las relaciones con tus clientes terminan de manera exitosa y pasando por la caja. Los errores son excelentes oportunidades de mejorar. El verdadero problema no es equivocarse sino no aprovechar la oportunidad de aprender de las equivocaciones.

4.- El significado de la comunicación es la respuesta que obtenemos con lo que transmitimos: si la respuesta del cliente a tus propuestas no terminan materializándose en una compra será que la relación que has establecido con ese cliente no ha sido del todo adecuada y debes adaptarla.

5.- Si algo no funciona, cámbialo: dicen que Einstein comentaba que la mejor definición de locura es pensar que haciendo siempre lo mismo podemos conseguir resultados diferentes. Cuando los resultados no llegan, debes adaptar tus acciones y buscar nuevas alternativas.

6.- Es imposible "no comunicar": transmitimos mucha más información a través de nuestro lenguaje no verbal que a través de las palabras. Por eso es tan importante que logres detectar los mensajes que el cliente te hace llegar aunque no abra la boca. Muchas veces el silencio habla mucho más alto que las propias palabras. Tenlo en cuenta también en tu caso en relación con los mensajes -conscientes o inconscientes- que envías a tus clientes.

7.- Todos disponemos de los recursos necesarios para lograr los resultados que queremos obtener: dispones de muchos más poderes para vender de lo que a veces puedes imaginar. Una de las claves del éxito de la PNL es ayudarte a buscar dentro de tu mente inconsciente esos poderes que necesitas para ser un súper vendedor.

8.- Toda conducta tiene siempre detrás una intención positiva: muchas de las decisiones que tomamos son guiadas y ordenadas por la parte inconsciente de nuestra mente. Hacerte consciente de tus instintos y tus emociones hace que entiendas cuáles son los motivos e intenciones que están detrás de todas esas decisiones inconscientes. Entender el mismo proceso que se produce en la mente de tus clientes y conectar con su cerebro emocional te ayudará a ganarte su confianza y crear fructíferos procesos de venta.

9.- Las personas con mayor flexibilidad son las que controlan el sistema: el entorno de la venta ha cambiado enormemente en los últimos tiempos (ventas *on line*, nuevos comportamientos del consumidor, competencia global...). El vendedor responsable está mucho mejor preparado para hacer frente a este nuevo hábitat porque percibe los cambios y se adapta mucho más rápido a ellos que los demás.

10.- Poder escoger es mejor que no hacerlo: elegir entre varias opciones conlleva asumir el riesgo de equivocarnos por la opción elegida pero también aumenta el poder del vendedor a través de la responsabilidad.

Sobre el autor

Marcos Álvarez es *tiendólogo*, con una capacidad innata para inspirar y guiar a equipos comerciales hacia el éxito. Referente en sectores tan diversos como telecomunicaciones, textil, banca o gran distribución. Su capacidad para identificar oportunidades y su enfoque en la innovación son clave para el éxito de las organizaciones con las que colabora, donde lidera procesos de transformación y adaptación en el cambiante entorno competitivo del retail.

Adéntrate en su universo en **www.porbuencamino.com** o síguelo en RRSS: @tiendologo.